Alexander-Maximilian Goersch

Die Launen der Sachlichkeit

Alexander-Maximilian Goersch

Die Launen der Sachlichkeit

Der Einfluss der Stimmung auf unser Denken und Handeln

Theorie und Forschung, Bd. 644
Psychologie, Bd. 201

S. Roderer Verlag, Regensburg 2000

Die Deutsche Bibliothek - CIP-Einheitsaufnahme

Ein Titeldatensatz für diese Publikation ist bei Der Deutschen Bibliothek erhältlich

ISBN 3-89783-128-7

Die vorliegende Arbeit wurde von der Universität Nürnberg-Erlangen 1999 als Dissertation angenommen.

2000 Roderer Verlag; Regensburg

Elvira, der alles zusteht

Vorwort

Die Idee der vorliegenden Arbeit entstand aus einem Bekenntnis. Es ist die gereifte Überzeugung, dass unser Denken und Handeln im wesentlichen durch die Situation bestimmt ist. Und wie lässt sich diese besser zeigen als anhand flüchtiger Stimmungen? Damit stellt die Nützlichkeit jenes Kredos gleichsam das Thema der Rahmenhandlung dar, die die Wirkungen und Interaktionen der Faktoren Intentionen, Affekte und Wissen versucht zu beschreiben, zu ordnen und zu erklären. Der angesprochene Ausgangspunkt bedeutet selbstredend nicht, dass hier die Konsistenz der Person bestritten wird. Sie ergibt sich vielmehr aus den situativ überdauernden, aber immer nur kurz wirksamen Wünschen der Person und deren Möglichkeiten bzw. Restriktionen, diese zu erreichen.

Das individuelle Bekenntnis darf eines nicht verschleiern. Die Anfertigung der vorliegenden Arbeit, die als Dissertation von der sozial- und wirtschaftswissenschaftlichen Fakultät der Universität Erlangen-Nürnberg angenommen wurde, hat mir besonders eindringlich vor Augen geführt, in welchem Ausmaß ein solches Vorhaben nicht die Leistung eines einzelnen ist und sein kann. Das Vorhaben bedarf der theoretischen Erwägung, deren Bewährung in zahlreichen Attacken des Zweifels und des notwendigen Raums zur Entfaltung der einen oder anderen Idee, aber auch der ganz praktischen Unterstützung, die bei der Vorbereitung und Durchführung von Datenerhebungen beginnt und lange nicht mit der Frage endet, wo die losen Blätter dieser Arbeit in eine geschlossene Form gebracht werden können. Mein Dank gilt zunächst meinem Doktorvater Prof. Klaus Moser, der mir die Möglichkeit ließ, von vorgegebenen Wegen abzuweichen und eigene Ideen zu verfolgen und zu verwirklichen. Danken möchte ich auch, den Studenten und Studentinnen, die mir die Betreuung ihrer Diplomarbeit anvertraut haben und mir dadurch die Chance gegeben haben, unerwartetes zu erfahren und zu lernen. Dies waren in Gießen Corinna Wall, Uwe Naumann, Alexandra Kraft, Regina Porth, Uwe Langner und Sven Hagen, und in Nürnberg Andreas Manhart, Niklas Haupt, Eva Psaila, Fabian Flügel und Sandra Kuhlmann. Letzteren gebührt besondere Anerkennung, dass sie den Mut hatten, sich als Nebenfachstudierende auf die fremde Denkart der sozialen Kognition einzulassen. Danken möchte ich auch meinen Kollegen und Kolleginnen, Christiane Alberternst, Bernad Batinic, Anja Göritz, Nathalie Galais, Martina Spichal, Heidi Walter, Hans-Georg Wolff und Jeannette Zempel, für so manche Erkenntnis, die über den Wissenschaftsbetrieb hinausgeht. Mit etwas Wehmut danke ich ganz besonders meinem ehemaligen Kollegen Andreas Utsch, der unserer Arbeitsgruppe beim Umzug von Gießen nach Nürnberg leider nicht gefolgt ist, was eine bleibende Lücke hinterlassen hat. Die vielen Diskussionen mit ihm haben meine Arbeit in Gießen ganz außerordentlich bereichert. Sibylle Schneider und Lars Heinisch haben immer wieder meine Schwierigkeiten mit Literatur und Stimulusmaterialien gemeistert, wofür Ihnen an dieser Stelle herzlich gedankt sein soll. Besondere Verbundenheit erwuchs mit Eva Psaila, die kräftezehrende Tag- und Nachtstunden nicht gescheut hat, um mit mir die vorliegende Arbeit fertigzustellen.

Nürnberg, im Januar 2000

Alexander-Maximilian Goersch.

Inhaltsverzeichnis

1 Einleitung

Kaum ein anderer Begriff spiegelt in der Psychologie in solchem Ausmaß den Wunsch wider, alle Einflussfaktoren menschlichen Verhaltens zu berücksichtigen wie der Begriff der Situation. Als Lewin (1963) den Begriff mit seiner Feldtheorie etablierte, in der er fordert, dass *„das Verhalten [...] aus einer Gesamtheit der zugleich gegebenen Tatsachen abgeleitet werden [muss, d.V.]"* (S. 69) war nicht klar, was genau die Situation ausmacht, die so unverzichtbar für die Erklärung menschlichen Verhaltens sein solle. Sicher war, dass es die *subjektive* Situation sei, aus der sich das Feld erschließen lasse. Lewin (1963) schreibt:

> *„Eine Situation ‚objektiv' beschreiben heißt in der Psychologie in Wirklichkeit: die Situation als die Gesamtheit jener Fakten und ausschließlich jener Fakten beschreiben, die das Feld des betreffenden Individuums ausmachen. Diese Welt des Individuums durch die Welt des Lehrers, des Arztes, oder sonst jemandes zu ersetzen ist nicht objektiv, sondern falsch"* (S. 104).

Lewin knüpft damit an eine lange Forschungstradition an. Bereits in der Nachfolge der Würzburger Schule wurde deutlich, dass der Mensch ein aktiver Informationsverarbeiter ist (Selz, 1922). Wahrnehmung (im weiteren Sinne) ist danach nicht nur eine Transformation, sondern auch ein konstruktiver Prozess (vgl. Piaget, 1974).

Heute ist diese Auffassung unbestrittene Grundlage der sozialpsychologischen Theorie (z.B. Markus & Zajonc, 1985; Taylor, Peplau, Sears, 1997; Aronson, 1997). So schreiben Wegener und Vallacher (1977) bereits Ende der siebziger Jahre:

> *„Psychologists found it necessary to view people as active and constructive perceivers of reality, conclude that each person puts the puzzle of reality together in his own way"* (S. 3).

Auch in der Soziologie ist diese Position heute jenseits des Streits um die Nützlichkeit einer ontologischen Realität weniger umstritten als man noch vor zwei Jahrzehnten glauben mochte (Weingarten et al., 1976). In der Soziologie eint das Thomas-Theorem inzwischen wissenschaftliche Lager der analytisch-nomologischen Richtung mit jenen der hermeneutisch-dialektischen Position (Esser, 1991). Es lautet: *"If men define situations as real, they are real in their consequences"* (Thomas & Thomas, 1928, S. 572). In Anlehnung an dieses Theorem wird die subjektiv gültige Situation im weiteren Situationsdefinition genannt. Bei Lewin (1936) klingt das Theorem in dem lapidaren Satz an: *„What is real is what has effects"* (S.19f).

Was aber hat Effekte? Während nämlich über die Subjektivität der Wahrnehmung (im obigen Sinne) nicht mehr gestritten wird, ist die Frage nach dem Wesen und den Inhalten der Situationsdefinition noch nicht dermaßen einheitlich und eindeutig beantwortet. Aus der Perspektive der sozialen Kognition lassen sich die Inhalte auf Informationen reduzieren. Aber welche Informationen sind entscheidend? Welche Informationen verbergen sich hinter der „Gesamtheit der gegebenen Tatsachen", deren Berücksichtigung Lewin (s.o.) fordert? Ist eine Klassifikation jener „Tatsachen" möglich? Lassen sich also Faktoren isolieren, die das Universum der Möglichkeiten auf die handlungsrelevanten Informationen reduzieren?

Im Bereich der sozialen Kognition wird häufig grundsätzlich zwischen zwei Arten von Informationen unterschieden (Gilbert, 1999). Dies sind zum einen spezifische Einzelinformationen (z.B. eine Blüte ist rot) und zum anderen allgemeine Informationen, die auf globalen Wissensstrukturen basieren (z.B. typische Rosen haben rote Blüten). Globale Wissensstrukturen werden in der Psychologie häufig unter dem Begriff „Schema" (Bartlett, 1932) thematisiert:

> *„A schema is an abstract or generic knowledge structure, stored in memory, that specifies the defining features and relevant attributes of some stimulus domain, and the interrelations among those attributes"* (Crocker, Fiske & Taylor, 1984, S. 197).

Schemata weisen eine hohe Funktionalität auf. Durch ihren generischen Charakter können Schemata im Gegensatz zu spezifischem Einzelfallwissen auf eine Vielzahl von Stimuluskonstellationen angewendet werden, so dass nicht unter hohem Aufwand jeweils alle einzelnen Informationen abgearbeitet werden müssen. Indem irrelevante Informationen vernachlässigt werden, kann wichtige Information besser verarbeitet werden, woraus effizienteres Handeln (Gollwitzer, 1993) oder ein genaueres Urteil folgt (Gigerenzer & Goldstein, 1996).

Der Vorteil der Verwendung von Schemata kann andererseits mit dem Nachteil einhergehen, Fehler zu machen, wenn die einzelnen Informationen nicht dem globalen Wissen entsprechen (z.B. eine zu beurteilende Rose statt rote weiße Blüten hat). Die kognitive Sozialpsychologie hat sich, so scheint es, zur

Hauptaufgabe gemacht, jegliche erdenklichen Fehler dieser Art aufzudecken (Nisbett & Ross, 1980; Payne, Bettman & Johnson, 1992). Bei der Beurteilung der Informationsverarbeitung sollte jedoch stets berücksichtigt werden, dass Fehler nicht zwangsläufig dysfunktional für die Handlungsfähigkeit sind. Wenn aus Fehlern keine negativen Konsequenzen erwachsen, weil der entsprechende Sachverhalt unwichtig ist, kann ein Fehler vernachlässigt werden. Erst wenn viel auf dem Spiel steht lohnt sich also der höhere Aufwand einer sorgfältigen Verarbeitung einzelner Informationen.

Diese Argumentation geht zurück auf eine Konzeption von Fiske und Taylor (1984), die den Menschen als „kognitiven Geizhals“ darstellt, der beständig versucht, erforderlichen kognitiven Aufwand zu minimieren und dabei häufig irrationale Strategien anwendet. Der erforderliche Aufwand hängt in erster Linie von einem Faktor ab, wie Fiske und Taylor (1991) später in einer Überarbeitung ihrer Konzeption haben deutlich werden lassen. Dieser Faktor ist das Ziel, das in einer bestimmten Situation verfolgt wird. So wird aus dem „kognitiven Geizhals“ der „motivierte Stratege“ (Fiske & Taylor, 1991; Kruglanski, 1990). Abhängig von Opportunität und Motivation wählt dieser diejenige Strategie, die verspricht, mit dem geringsten Aufwand zum Ziel zu führen.

Wenn erstens die Situation sich auf Informationen zurückführen lassen soll und zweitens zwischen verschiedenen Informationen unterschieden wird, stellt sich die Frage, welche Faktoren die Situationsdefinition konstituieren aus einer Perspektive der sozialen Kognition folgendermaßen: *Wann* werden *welche* Informationen verwendet? Die Frage, welche Informationen verwendet werden, scheint mit der Unterscheidung zwischen spezifischen und allgemeinen Informationen beantwortet. Diese Informationen sind jedoch nicht allein der handlungsrelevante Bestandteil der Situation. Wie im Menschenbild des „motivierten Strategen“ deutlich wird, werden zusätzlich Informationen darüber benötigt, was wichtig oder unwichtig ist. Ihre Bedeutung und Wichtigkeit erhalten Sachverhalte immer über die Verknüpfung mit bestimmten Zielen, d.h. über die Brauchbarkeit der Sachverhalte im Hinblick darauf, angestrebte Zielzustände zu verwirklichen. Intentionen beinhalten demnach Informationen, die ebenfalls Bestandteil der Situationsdefinition sind. Indem die vorliegende Arbeit diesem Umstand Rechnung trägt, wird sie auch zum Test darüber, ob Intentionen zusätzlich Verhaltensvarianz aufklären können.

Was die Konzeption von Fiske und Taylor (1991) wie auch alle anderen vergleichbaren Konzeptionen vernachlässigen, ist der affektive Anteil im Handeln, der in einer überwältigenden Zahl von Arbeiten dokumentiert ist (z.B. Clore et al., 1994). Wenn die Situationsdefinition entscheidend für das Handeln sein soll, müssen affektive Faktoren als Bestandteil der Situationsdefinition berücksichtigt werden. Affekte werden hier als gleichbedeutend mit dem amerikanischen Begriff „affect" verstanden. Fiske und Taylor (1996) definieren „affect" als *„a generic term for a whole range of preferences, evaluations, moods, and emotions"* (S. 410). Im Fokus der vorliegenden Arbeit stehen insbesondere Stimmungen als Teilmenge affektiver Zustände. Stimmung wird in Übereinstimmung mit Schwarz (1987, S. 2) als *„momentane, subjektiv erfahrene Befindlichkeit"* verstanden, die grundsätzlich von Emotion unterschieden werden muss. So schreibt Isen:

> *„Compare, for example, anger with irritability. While the emotion of anger often has a particular referent or is directed at a particular object which caused anger, and has sets of behaviors, such as glaring and shouting or hitting or insulting, associated with it, the feeling of irritabilitiy that may accompany the anger [...] is more global in its effects and indicators. This component of angry affect has neither specific targets nor specific behavioral impulses associated with it"* (1984, S. 186).

Stimmung ist demnach unspezifisch bezüglich ihrer Folgereaktionen und nicht auf ein bestimmtes Objekt gerichtet. Aus letzterem resultiert, dass sich die Ursache der Stimmung nicht im Fokus der Aufmerksamkeit befindet (Schwarz, 1987). Darüber hinaus ist Stimmung durch eine geringe Intensität gekennzeichnet (Morris, 1989).

Der Stimmung kommt in der vorliegenden Arbeit eine besondere Funktion zu. Stimmung dient nicht nur unmittelbar als Information (wie z.B. „in Gegenwart von Elisabeth fühle ich mich wohl"), sondern dient darüber hinaus als Information über die Situation. Als solche, so lautet die zentrale Annahme, informiert sie über die Angemessenheit der Situationsdefinition. Diese Annahme geht auf eine grundsätzlich Unterscheidung zweier Prozesse zurück. Ein Prozess beschreibt die Aktivierung der Inhalte der Situationsdefinition. Ein weiterer Prozess beschreibt die Bestimmtheit der Situationsdefinition, die an einen spezifischen Modus der Informationsverarbeitung gekoppelt ist. Es wird also angenommen, dass die Situationsdefinition nicht immer im gleichen Grade sicher oder gewiss erlebt wird. Das scheint plausibel: Es entspricht der Alltagserfahrung, dass wir uns verschiedener Situationen unterschiedlich sicher sind. Wir sind uns also nicht immer gleich gewiss darüber, ob wir eine Situation tatsächlich angemessen verstehen. Der Schwerpunkt der vorliegenden Arbeit liegt auf diesem zweiten Prozess.

Ausgangspunkt der Darstellung ist ein Modell, das erstens Stimmung als Information versteht und zweitens den Einfluss der Stimmung auf die Verwendung globalen Wissens zum Gegenstand hat. Für eine Beurteilung der Leistungsfähigkeit dieses Modells ist es zunächst notwendig, konkurrierende Ansätze darzustellen. Die Darstellung dient auch dazu, den Leser mit den verschiedenen Effekten der Stimmung vertraut zu machen.

Das darauf folgende Kapitel erörtert die zentrale Annahme zum Zusammenhang zwischen Stimmung und Situationsdefinition. Diese Annahme wird in vier experimentellen Studien konkretisiert, die drei unterschiedliche Aspekte untersuchen. Die erste Studie thematisiert globales Wissen als ein Element der Situationsdefinition. Die nächste Studie behandelt Intentionen als das zweite zentrale Element der Situationsdefinition. Die dritte Studie kombiniert beide Elemente und die letzte Studie beschäftigt sich schließlich mit dem Einfluss der Stimmung auf die Beständigkeit der Situationsdefinition. Die abschließende generelle Diskussion greift noch einmal die theoretischen Überlegungen auf und erörtert diese im Lichte der Ergebnisse der vier durchgeführten Untersuchungen.

Den Abschluss der vorliegenden Arbeit bildet ein Ausblick auf weitere Fragestellungen. In erster Linie sind das die Fragen, ob und gegebenenfalls wie der erörterte Ansatz erweitert werden kann, indem Stimmung nicht nur als Einflussfaktor, als antezedierende Variable, betrachtet wird, sondern ebenso als abhängige Variable. Und darüber hinaus die Frage, welchen Einfluss die Intention als Information über die Situation ausübt. Welche Ergebnisse sich aus der Betrachtung der Stimmung als unabhängige Variable ergeben haben, zeigt das nun folgende angekündigte Kapitel zum Zusammenhang zwischen Stimmung und Kognition.

2 Stimmung und Kognition

Dass sich Stimmung und Kognition vereinbaren lassen, ist keine Selbstverständlichkeit. Erst die Veröffentlichung Schachters und Singers kognitiv-physiologischer Theorie der Emotion (1962; Schachter, 1964) hat Affekte nach Jahren der Schattenexistenz in Zeiten der Psychoanalyse und des Behaviorismus wieder in die psychologische Diskussion gebracht und überdies der kognitiven Psychologie zum Durchbruch verholfen (z.B. Nisbett & Schachter, 1966; Ross, Rodin & Zimbardo, 1969; Leventhal, 1974; Zillmann, 1978). Die Bedeutung dieser Theorie lässt sich auch leicht daran ablesen, wie intensiv die Psychologie in den darauffolgenden Jahren damit beschäftigt war, die methodischen und theoretischen Probleme Schachters und Singers Theorie aufzudecken und auszubreiten (z.B. Lazarus, 1966; Plutchik & Ax, 1967; Shapiro & Schwartz, 1970; Erdman & Janke, 1978; s.a. Reisenzein, 1983). Die enge Verknüpfung der kognitiv-physiologischen Theorie der Emotion mit der Durchsetzung einer wissenschaftlichen Revolution brachte es aber mit sich, dass mit der sich entwickelnden Etablierung des kognitiven Paradigmas, das Interesse an den Fragen der Emotion wieder abnahm (Zajonc, 1980; Neisser, 1980). Den (vorläufig) endgültigen Durchbruch des Themas „Stimmung und Kognition", der sich in einer bis heute anhaltenden Forschungsaktivität niederschlägt (z.B. Clore et al., 1994) gelang mit der Wende, die Zajonc 1980 mit seinem vielbeachteten Artikel „preferences need no inferences" eingeleitet hat und die den Menschen in einer sehr stark ausschließlich kognitiv orientierten Phase wieder als kognitiv-affektives Wesen in den Mittelpunkt der Betrachtung gerückt hat.

Mit einer der ersten und wichtigsten Arbeiten nach jener Wende beginnt die folgende Darstellung der sozialpsychologischen Forschung zu den Zusammenhängen zwischen Stimmung und Kognition. Dieser Ansatz formuliert Zusammenhänge zwischen Stimmung und Gedächtnisprozessen. Ein weiterer Abschnitt umfasst Ansätze, die unterschiedliche Informationsverarbeitungsstrategien bei verschiedenen Stimmungslagen unterstellen. Alle diese Ansätze formulieren den Zusammenhang zwischen Stimmung und Kognition als die Beziehung zweier grundlegend verschiedener Phänomene: Stimmung auf der einen Seite und Kognition auf der anderen Seite. Einen anderen Weg zeigt ein Ansatz auf, der im anschließenden Abschnitt dargestellt wird. Dieser Ansatz postuliert, dass Stimmung selbst als Information dient. Eine Weiterentwicklung dieses Ansatzes postuliert schließlich Zusammenhänge zwischen Stimmung als Information und der Verwendung globalen Wissens oder Schemata. An ihm ist zum einen festzumachen, inwieweit die Annahme, Stimmung sei Information, nützlich für die Erklärung von Stimmungseffekten ist und zum anderen, was ein Postulat der stimmungsabhängigen Verwendung globalen Wissens erklären kann. Dies erwartet den Leser in einer abschließenden Bewertung der Ergebnisse.

2.1 Stimmung und Gedächtnis

Das Wechselspiel zwischen Stimmung und Kognition ist dort am offenkundigsten, wo es die Kognitionen selbst betrifft. Wir sind häufig der Überzeugung, dass kaum ein schlechter Gedanke unsere einmal gewonnene gute Laune zu stören scheint, während wir meinen, eine üble Laune produziere geradezu weitere düstere Gedanken. Einmal scheinen wir die Welt durch die bekannte „rosarote Brille" zu betrachten, ein anderes Mal sind wir nur trübsinnig. Gute Stimmung geht mit ansprechenden Gedanken einher, schlechte Stimmung mit unbehaglichen Gedanken. Stimmung beeinflusst also die Inhalte unseres Denkens. Bower (1981) führt dies darauf zurück, dass die Stimmung beeinflusst, welche Informationen aus dem Gedächtnis abgerufen werden. Er hat auf der Grundlage des assoziativen Netzwerkmodells (Anderson & Bower, 1973) die einflussreichste Konzeption entwickelt, die Zusammenhänge zwischen Stimmung und Gedächtnis formuliert (vgl. Spies & Hesse, 1986; Wyer & Srull, 1989).[1]

Konnektionistischen Modellen entsprechend kann das Gedächtnis nach Bower als ein Netzwerk von Informationsknoten aufgefasst werden, die in unterschiedlichem Ausmaß miteinander verknüpft sind (s.a. Bower & Cohen, 1982). Die entscheidende Idee Bowers ist, dass Stimmungen (wie auch andere Affekte) ähnlich als Knoten repräsentiert sind wie z.B. die Konzepte „Hausmeister" oder „Romantik". Beim Lernen werden die neuen Informationen mit den der aktuellen Stimmung entsprechenden Stimmungsknoten verbunden.

Stimmung fördert die Gedächtnisleistung dann in dem Maße, wie die zu erinnernden Informationen mit kongruenten Stimmungsknoten verknüpft sind. Dieses Phänomen wird als Zustandsabhängigkeit („state dependency") bezeichnet. Empirisch konnte die Zustandsabhängigkeit nur in Ansätzen bestätigt werden (für einen umfassenden Überblick s. Blaney, 1986). So versetzten Bower, Monteiro und Gilligan (1978, Studie 3) die Probanden per Hypnose in positive und negative Stimmung. Jede Versuchsperson sollte in positiver Stimmung eine Liste von Wörtern lernen und in negativer Stimmung eine weitere Liste. Als abhängige Variable diente die Zahl der richtig erinnerten Wörter. Die Ergebnisse zeigen, dass Wörter, die in einem bestimmten emotionalen Zustand

---

[1] Dieses Konzept vergleichen Clore, Schwarz und Conway (1994) mit dem Modell von Ellis und Ashbrook (1988). Dieses Modell postuliert jedoch Zusammenhänge zwischen Stimmung und Verarbeitungskapazität. Veränderungen der Gedächtnisleistung sind nach Ellis und Ashbrook lediglich eine Folge einer stimmungsabhängigen Informationsverarbeitung, weshalb diese Theorie im nächsten Kapitel besprochen wird.

gelernt wurden, in dem entsprechenden Zustand besser erinnert werden können als Wörter, bei denen der emotionale Zustand beim Lernen und Erinnern nicht identisch war. Dieser Befund steht jedoch einigen anderen Ergebnissen gegenüber, die die Zustandsabhängigkeit nicht zeigen konnten (vgl. Rusting, 1998). So konnten Bower, Monteiro und Gilligan (1978, Studie 1 und 2) zum Beispiel keine Zustandsabhängigkeit zeigen, wenn eine einzelne Wortliste entweder sofort (Studie 1) oder einen Tag später (Studie 2) erinnert werden sollte. Leight und Ellis (1981, Studie 2) versetzten ihre Versuchspersonen mit der Velten-Technik (Velten, 1968) in positive und negative Stimmung und ließen sie dann sinnlose Buchstabenreihen lernen. Die Messung der Gedächtnisleistung anhand der 24 Stunden später erinnerten Wörter erbrachte lediglich bei einer von acht Möglichkeiten einen Beleg für die Zustandsabhängigkeit. Clore, Schwarz und Conway (1994) resümieren, dass die Zustandsabhängigkeit in dem Maße bedeutend wird, in dem andere Schlüsselreize für die Erinnerung fehlen.

Zu betonen ist, dass die Zustandsabhängigkeit unabhängig von der Valenz des Gedächtnismaterials ist. Entscheidende Faktoren sind lediglich die Stimmung bei der Enkodierung und die Stimmung beim Abrufen der Information. Es macht demnach für die Zustandsabhängigkeit keinen Unterschied, ob die Information zum Beispiel den Tod einer Bekannten oder das gelungene Abendessen mit einer attraktiven Frau betrifft. Die Valenz des Gedächtnismaterials wird bei einem zweiten Phänomen wichtig, das die Gedächtnispsychologie als Stimmungskongruenz („mood congruency") bezeichnet. Stimmungskongruenz bedeutet, dass die Gedächtnisleistung abhängig von der Kongruenz zwischen aktueller Stimmung und der affektiven Tönung des Materials ist. Am deutlichsten ist die Befundlage zur Stimmungskongruenz beim autobiographischen Gedächtnis (Bower, 1991; Morris, 1989). Personen erinnern in positiver Stimmung eher erfreuliche Ereignisse und in negativer Stimmung eher unerfreuliche Ereignisse (Bullington, 1990). Parrott und Sabini (1990, Studie 3) regten Versuchspersonen an, sich mit Hilfe von Musik in positive beziehungsweise negative Stimmung zu versetzen. Danach baten sie die Probanden, schöne bzw. unerfreuliche Ereignisse aus der Schulzeit zu erinnern. Hier zeigte sich die Stimmungskongruenz; der Effekt verschwand jedoch, wenn die Versuchspersonen sich nicht darüber bewusst waren, dass die Musik der Stimmungsveränderung diente (Parrott & Sabini, 1990, Studie 4). Erber und Erber (1994) sowie Parrott und Sabini (1990) fanden sogar Belege für einen stimmungsinkongruenten Effekt.

Blancy (1986) sowie Singer und Salovey (1988) weisen auf einen weiteren erklärungsbedürftigen Sachverhalt hin. So fanden zum Beispiel Singer und Salovey (1989), dass der Facilitationseffekt bei der Erinnerung stimmungskongruenter Information zwar für positiv gestimmte Personen gilt, jedoch weniger für negativ gestimmte Personen. Die Asymmetrie wird häufig darauf zurückgeführt, dass Menschen versuchen, positive Stimmung zu erhalten, während sie versuchen, negative Stimmung abzubauen (Morris & Reilly, 1987). Ein methodisches Problem erörtern Clore, Schwarz und Conway (1994). Sie argumentieren schlüssig, dass erfreuliche Ereignisse meist mit guter Stimmung und unerfreuliche Ereignisse meist mit schlechter Stimmung einhergehen. Die Valenz des Gedächtnismaterials ist also zwangsläufig konfundiert mit der Stimmung zum Zeitpunkt der Enkodierung. So kommen sie zu dem Schluss:

> „*In light of the inconsistent findings obtained in the state-dependent recall studies [...], which have typically used neutral rather than strongly valenced material, mood effects on recall may be most reliable under conditions where (a) the valence of the to-be-recalled material matches the mood at recall, and (b) the material was initially learned in a matching mood state. Thus selectivity in recall may be most likely under conditions that simultaneously satisfy the criteria for state dependency and mood congruency*“ (S. 376).

Festzuhalten bleibt aber auch, dass die Studien zum autobiographischen Gedächtnis den Vorteil haben, dass eine persönliche Relevanz hergestellt werden kann, wie es zum Beispiel in Studien mit weniger bedeutungshaltigen Wortlisten nicht gelingt, wovon die Validität profitiert.

2.2 Stimmung und Modus der Informationsverarbeitung

Weniger leicht als der Zusammenhang von Stimmung und Gedächtnis offenbart sich uns der Einfluss der Stimmung auf die Art und Weise wie wir die Informationen, die wir wahrnehmen oder abrufen, verarbeiten. Auch wenn unterschiedliche Modi der Informationsverarbeitung nicht in dem Maße distinkt sind, wie sie zum Teil noch dargestellt werden, lassen sich doch verschiedene Arten der Informationsverarbeitung sinnvoll unterscheiden. Damit ist es auch naheliegend, Einflüsse der Stimmung auf eben diese Modi zu unterstellen. Dass Stimmung generell solche Modi der Informationsverarbeitung beeinflusst, ist inzwischen durch eine Vielzahl von Arbeiten belegt (Fiedler, 1991; Clore, Schwarz & Conway, 1994). Weniger einheitlich ist die Befundlage zu den konkreten Effekten der Stimmung. Dies wird bereits an vier prominenten Paradigmen deutlich, die nachfolgend beschrieben werden. Schon die Beantwortung der Frage, welche Stimmungslage für die Stimmungseffekte verantwortlich ist, führt zu divergierenden Standpunkten. So führen Ellis und Ashbrook (1988) und Ellis (1990) die Unterschiede der Verarbeitungskapazität vor allem auf die Wirkung der negativen Stimmung zurück. Darin stimmen sie mit Weary et al. (1993) überein, die dafür allerdings in ihrem Kontrollmotivations-Ansatz eine andere Erklärung anbieten. Isen und Daubman (1984) und Murray et al. (1990) machen dagegen die positive Stimmung für Unterschiede bei der Kategorisierung verantwortlich. Weiterhin gibt es Autoren, die positive und negative Stimmung gleichermaßen für die Unterschiede verantwortlich machen. Zu dieser Gruppe gehören Autoren, die das Modell zur heuristischen und systematischen Verarbeitung (Bohner, Hunyadi & Chaiken, 1994; Schwarz, Bless & Bohner, 1991) oder das Modell zur Elaborationswahrscheinlichkeit (Petty et al., 1993) zum Ausgangspunkt ihrer Überlegungen machen.

Kern des Ressourcenallokations-Modells von Ellis und Ashbrook (1988) ist die Feststellung, dass die Aufmerksamkeit, die Personen einem Sachverhalt widmen können, begrenzt ist und dass eine eingeschränkte Aufmerksamkeit zu einer weniger objektiven Verarbeitung der Information führt (Hasher & Zacks, 1979). Indem negative Stimmung bezüglich ihrer Valenz kongruente Kognitionen (Conway et al., 1993; Howell & Conway, 1992) aktiviert, wird die Aufmerksamkeit, die einer Aufgabe gewidmet wird, nach Ellis und Ashbrook (1988) reduziert. Demgemäß lautet die zentrale Annahme des Modells von Ellis und Ashbrook, dass negativ gestimmte Personen weniger aufwendigere Strategien zur Informationsverarbeitung nutzen. Obwohl das Ressourcenallokations-Modell nicht zwangsläufig auf Gedächtnisprozesse beschränkt sein *muss*, beziehen sich die empirischen Arbeiten nahezu ausschließlich auf die Elaboration und die Organisation von Gedächtnismaterial beim Enkodieren (z.B. Leight & Ellis, 1981; Watts & Cooper, 1989) und auf den Abrufprozess (z.B. Ellis et al., 1985). Dort konnte die zentrale Annahme von Ellis und Ashbrook (1988) weitgehend bestätigt werden. Neben den Ansätzen, die in Bezug auf die Vorhersagen des Ressourcenallokationsmodells irrelevant sind, da völlig andere Phänomene betroffen sind, existieren eine Vielzahl von Befunden anderer Untersuchungen, die zu der zentralen Annahme im Widerspruch stehen.

Zu der Gruppe von Untersuchungen, die den Effekt der Stimmung in erster Linie auf die positive Stimmung zurückführen, gehören die Studien von Isen und ihren Mitarbeitern (z.B. Isen & Daubman, 1984) sowie Murray et al. (1990). Diese Autoren stellen Zusammenhänge zwischen Stimmung und der Kategorisierung her. Isen und ihre Mitarbeiter fanden, dass positiv gestimmte Personen breitere Kategorien bilden (Isen & Daubman, 1984; Isen, 1988; Isen et al., 1985). Isen und Daubman (1984) ließen zum Beispiel Versuchspersonen Begriffe daraufhin beurteilen, inwieweit diese in vorgegebene Kategorien passen (wie zum Beispiel „Fahrrad" und „Fahrstuhl" in die Kategorie „Fortbewegungsmittel"). Die Passung zwischen den Begriffen und den Kategorien wurde in Abhängigkeit der Stimmung unterschiedlich beurteilt. Personen der positiven Stimmungsbedingung schätzten ungewöhnlichere Exemplare (nach Roschs (1975) Norm) höher ein als Personen der Kontrollbedingung. In einer anderen Untersuchung (Isen & Daubman, 1984, Studie 3) ließen sie Versuchspersonen Gruppen aus unterschiedlichen Begriffen bilden. Hier zeigte sich, dass Personen der positiven Stimmungsbedingung größere und folgerichtig weniger Gruppen bildeten. Isen (1987) führt die Befunde in erster Linie auf eine förderliche Wirkung positiver Stimmung auf die Kreativität zurück. Murray et al. (1990) erweitern den Ansatz von Isen, indem sie postulieren, dass Personen in positiver Stimmung nicht generell breiter kategorisieren, sondern flexibler. Das heißt, Personen bilden je nach Aufgabenstellung einmal breitere Kategorien und ein anderes Mal engere Kategorien als Personen in anderer Stimmung. Zur empirischen Prüfung ließen Murray et al. (1990, Studie 1) Versuchspersonen ähnlich wie bei Isen und Daubman (1984) Begriffe sortieren, einmal jedoch unter der Bedingung auf Gemeinsamkeiten zu achten, und einmal unter der Bedingung, auf Unterschiede zu achten. Als Ergebnis zeigt sich, dass positiv gestimmte Personen nur dann breiter kategorisieren, wenn sie bei der Bearbeitung auf Gemeinsamkeiten achten. Stärkster Beleg für die Flexibilitätsthese von Murray et al. (1990) resultiert aus dem Vergleich der Nutzung übergeordneter und untergeordneter Kategorieebenen. Beim Vergleich zeigt sich, dass positiv gestimmte Personen abhängig vom Bearbeitungsziel im Sinne Roschs (1978) stärker über- bzw. untergeordnete Kategorieebenen nutzen als Personen in negativer Stimmung. Murray et al. (1990) greifen die Argumentation von Isen bei der Erklärung der Effekte wieder auf und erweitern sie um die motivationale Komponente des intrinsischen Interesses. Positive Stimmung führt danach zu höherem intrinsischen Interesse an einer Aufgabe, woraus wiederum ein systematischer Modus der Informationsverarbeitung und damit eine höhere Leistung folgt. In welcher Beziehung dieser Aspekt zur kognitiven Flexibilität steht, erörtern Murray et al. (1990) jedoch nicht. Darüber hinaus kann gegen die Interpretation der Ergebnisse im Sinne der kognitiven Flexibilitätsthese eingewendet werden, dass die Studien lediglich zeigen, dass Personen in positiver Stimmung immer breitere Kategorien bilden – und zwar eine breitere Kategorie „Gemeinsamkeiten“ wie auch eine breitere Kategorie „Unterschiede“.

Obschon diese Ansätze mit dem Ressourcenallokationsmodell von Ellis und Ashbrook (1988) nicht im Widerspruch stehen, wird an diesem Punkt ein grundsätzlicher Unterschied deutlich. Während Ellis und Ashbrook (1988) ihre Konzeption auf einen hemmenden Einfluss der Stimmung (nämlich negativer Stimmung) auf die Gedächtnisleistung aufbauen, postulieren Isen (1987) und Murray et al. (1990), dass positive Stimmung für die Bearbeitung von (bestimmten) Aufgaben förderlich ist. Ein Ansatz, der zwar wie Ellis und Ashbrook (1988) die Wirkung negativer Affekte in den Mittelpunkt stellt, aber zu völlig anderen Vorhersagen kommt, ist der Kontrollmotivations-Ansatzes von Weary und ihren Mitarbeitern (Weary et al., 1993).

Die subjektive Erfahrung der eigenen Wirksamkeit ist nach Seligman (1975) Voraussetzung für ein positives Lebensgefühl. Unabhängigkeit der Umweltereignisse vom eigenen Verhalten zu erfahren, führe dagegen zur Depression. Die Antizipation eines möglichen Zustandes der Hilflosigkeit, führt Seligman aus, spornt den Organismus zu einer erhöhten Anstrengung an, Kompetenz zur Situationsbewältigung und damit Kontrolle zu erwerben. Diesen Gedanken greifen Weary und ihre Mitarbeiter wieder auf, wenn sie Zusammenhänge zwischen (milder) Depression und Informationsverarbeitung formulieren (Markman & Weary, 1998; Weary et al., 1993; Gleicher & Weary, 1991). Ungewissheit über die eigene Fähigkeit und Möglichkeit, die soziale Umwelt zu verstehen, vorherzusagen und zu kontrollieren, erhöht danach die Kontrollmotivation und führt zu einem sogenannten Akkuratheitsziel. Dieses Ziel beinhaltet, Gewissheit über die Situation wiederzuerlangen, kurz: wieder Kontrolle auszuüben (vgl. Bandura, 1977 oder den differentiellen Ansatz von Rotter, 1966). Nach Weary et al. (1993) geht das Akkuratheitsziel mit einer systematischen Verarbeitung der verfügbaren Information einher. So nutzten in einer Studie von Weary und Jacobsen (1997) Personen mit hoher Kontrollmotivation in größerem

Umfang diagnostische Information zur Urteilsbildung als Personen mit niedriger Kontrollmotivation. Personen in negativer Stimmung sollten daher Informationen eher systematisch verarbeiten, während positiv gestimmte Personen Informationen eher oberflächlich verarbeiten sollten.

Die Wirkung von positiver wie auch negativer Stimmung sind Gegenstand einer ganzen Reihe von Untersuchungen, die von Modellen der Persuasionsforschung beeinflusst sind. Aufbauend auf den Modellen zur persuasiven Kommunikation von Petty und Cacioppo (1986) sowie Eagly und Chaiken (1993) haben einige Autoren einen Einfluss der Stimmung vorgeschlagen, der nicht über andere Faktoren wie z.B. intrinsisches Interesse vermittelt ist (Bless, Mackie & Schwarz, 1992; Bless et al., 1990; Bohner et al., 1992; Bohner, Hunyadi & Chaiken, 1994). Das „elaboration likelihood model", kurz ELM, von Petty und Cacioppo (1986) postuliert, dass mit einer höheren Elaborationswahrscheinlichkeit der Einfluss von peripheren Hinweisreizen abnimmt und umgekehrt. Pole des Kontinuums der Elaborationswahrscheinlichkeit sind ein zentraler Stil (mit hoher Elaborationswahrscheinlichkeit) und ein peripherer Stil (mit niedriger Elaborationswahrscheinlichkeit) der Informationsverarbeitung. Das „heuristic systematic model", kurz HSM, von Chaiken (1987) nennt die beiden Pole der Informationsverarbeitung „heuristische und systematische Strategie". Zentraler Unterschied des HSM im Vergleich zum ELM ist die Möglichkeit, dass beide Strategien gleichzeitig verwirklicht werden. Einvernehmen besteht darin, dass positive Stimmung eher zu einer einfachen Informationsverarbeitung führt, die auf Heuristiken basiert, während negative Stimmung eher zu einer systematischen Informationsverarbeitung führt. Z.B. lassen sich positiv gestimmte Personen von schwachen Argumenten einer Botschaft eher überzeugen als weniger gut gestimmte Personen, dagegen lassen sich negativ gestimmte Personen von starken Argumenten einer Botschaft eher überzeugen als besser gestimmte Personen (Bohner et al., 1992).

2.3 Stimmung als Information

Die bisher geschilderten Ansätze unterstellen, dass Stimmung entweder beeinflusst, welche Informationen abgerufen werden oder aber beeinflusst, auf welche Art und Weise die Informationen verarbeitet werden. Bereits Ende der fünfziger Jahre deutete sich eine weitere Entwicklung an. So schrieben Nowlis und Nowlis (1956): Stimmung ist

> *„an intervening variable or predispositional factor that is a source of information or discriminative stimuli [sic] to the organism, about the current functioning characteristics of the organism"* (S. 352).

Stimmung informiert demnach das Individuum über den eigenen momentanen Zustand. Jacobsen bringt ähnliches zum Ausdruck als er Stimmung als „barometer of the ego" (1957, S. 75) bezeichnet. Auch Pribram (1970) betont den funktionalen Charakter der Stimmung. Er spricht von der Monitorfunktion der Stimmung im Dienste einer Verhaltensregulierung. Frijda (1988) hat aus einem evolutionstheoretischen Blickwinkel heraus diesen Ansatz wieder aufgegriffen und weiter präzisiert. So schreibt er:

> *„emotions exist for the sake of signaling states of the world that have to be responded to, or that no longer need response and action"* (1988, S. 354).

Stimmungen geben also Auskunft über die aktuelle Situation und darüber hinaus über die Anforderungen, die sie an den Akteur stellt. Dies ist die Grundlage für einen Ansatz, den Schwarz (1990, 1987) Ende der achtziger Jahre entwickelt hat und der seither Anlass für viele Diskussionen ist (Bless, 1997; Bower, 1991; Clore et al., 1994) und viele Autoren beeinflusst (Armitage et al., 1999, Hirt et al., 1997; Martin et al., 1993, Bohner et al., 1992).

2.3.1 Die informative Funktion der Stimmung

Jedem sind etliche Urteilssituationen geläufig, die ausdrücklich nach einer Introspektion verlangen und in denen die Stimmung als Urteilsgrundlage herangezogen werden *muss*. Fragen wie „Gefällt dir meine neue Frisur?“ oder „Schämst du dich nicht?“ sind nur zwei Beispiele von Situationen, in denen Stimmung die entscheidende Informationsquelle zur Beurteilung eines Sachverhalts ist. So verwundert es auch nicht, dass Stimmung dann als Information zur Urteilsbildung herangezogen wird (Clore & Itkin, 1977). Schwarz (1990) argumentiert, dass Stimmung nicht nur in solche affektiven Urteile als Information über den Urteilsgegenstand einfließt, sondern auch bei der Urteilsbildung generell als Information herangezogen wird. Exemplarisch nennt Schwarz (1990) eine Untersuchung von Schwarz und Clore (1983). Sie zeigt, dass Personen, die aufgrund von schönem Wetter in positiver Stimmung sind, ihre Lebenszufriedenheit höher einschätzen als Personen, die wegen schlechtem Wetter in negativer Stimmung sind.

Abbildung 2.1: Lebenszufriedenheit in Abhängigkeit von Stimmung und deren Attribution (nach Schwarz & Clore, 1983, Studie 2)

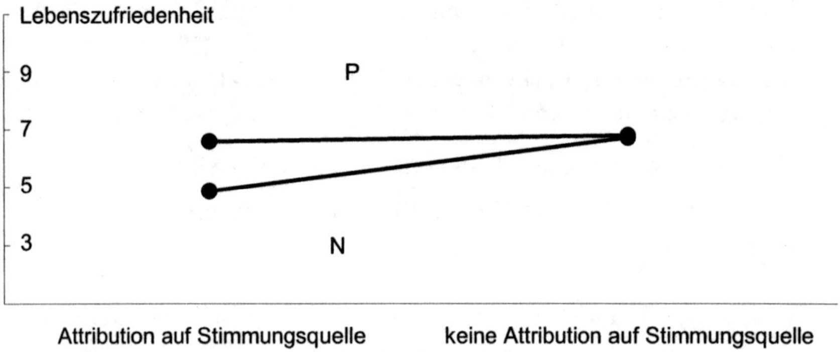

Anmerkung: N = negative Stimmungsbedingung, P = positive Stimmungsbedingung

Dieser Befund ist zunächst kompatibel mit dem Ansatz der Stimmungsabhängigkeit von Bower (s. Kap. 2.3.1). Das ändert sich mit der Tatsache, dass der berichtete Effekt, wie Abbildung 2.1 zeigt, verschwand, als auf die Stimmungsquelle hingewiesen wurde. Stimmungsabhängigkeit (im Sinne Bowers) kann also nicht die Ursache der Unterschiede sein.

Auch die Erklärung von Schwarz (1990) ist, wie gleich dargelegt wird, problematisch. Schwarz (1990) geht davon aus, dass Stimmung dem Handelnden über die angemessene Verarbeitungsstrategie Auskunft gibt. Diese Annahme gründet auf der evolutionstheoretischen Perspektive von Frijda (1988), die oben kurz angerissen wurde. Daraus leitet sich ab, dass nicht alle Personen ihre aktuelle Stimmung unmittelbar als Information nutzen, sondern nur jene, die in positiver Stimmung sind: Nur gute Stimmung signalisiert nämlich, dass die aktuelle Situation unproblematisch ist und darum mit Informationen großzügig umgegangen werden kann. Nur Personen in positiver Stimmung neigen daher dazu, vereinfachende Strategien zu nutzen. Und eine dieser Strategien ist, sich im Prozess der Urteilsbildung zu fragen, was man in Bezug auf den Urteilsgegenstand fühlt („How-do-I-feel-about-it" – Heuristik (Schwarz & Clore, 1988)) anstatt systematisch einzelne Merkmale des Urteilsgegenstands einzuschätzen und zu gewichten. Negative Stimmung signalisiert Personen, dass die Situation eine systematische Verarbeitung der verfügbaren Information verlangt. Sie nutzen daher den heuristischen Wert der aktuellen Stimmung für ihr Urteil nicht. Die Ergebnisse der zitierten Untersuchung, die in Abbildung 2.1 dargestellt sind, sind mit vorigen Ausführungen nicht kompatibel. Denn die Ergebnisse dort (wie auch andere, z.B. Forgas & Bower, 1987) zeigen, dass nicht Personen in positiver Stimmung ihr Urteil gegenüber dem in der Attributionsbedingung verändern, sondern negativ gestimmte Personen in Abhängigkeit der Attribution unterschiedlich urteilen, also anscheinend Stimmung als Information nutzen.

Natürlich lässt sich gegen die zitierte Untersuchung einwenden, dass das Urteil über die Zufriedenheit, auch wenn sie die ganze Lebensspanne umfasst und daher sehr generell ist, als ein affektives Urteil gelten kann und daher Stimmung selbstverständlich als Information genutzt wird. Das betrifft jedoch nicht die Frage, ob nur positive Stimmung oder positive wie auch negative Stimmung für Unterschiede in den Urteilen verantwortlich sind. Der Widerspruch zwischen den Befunden und den Annahmen des Ansatzes von Schwarz (1990) löst sich erst dann auf, als Schwarz zwei grundlegende Prozesse unterstellt. Erstens kann Stimmung bei affektiven Urteilen direkt als Information herangezogen werden und ihr heuristischer Wert für die Urteilsbildung genutzt werden. Zweitens kann Stimmung als Information über den kritischen Charakter der Situation interpretiert werden, die wiederum die angemessene Strategie der Informationsverarbeitung anzeigt. Dann bleibt allerdings offen, auf welche Art und Weise Stimmung bei affektiven Urteilen direkt als Information genutzt wird. Führt etwa positive Stimmung immer zu einer höheren Einschätzung und negative Stimmung immer zu einer niedrigen Einschätzung des Urteilsgegenstandes? Beurteilen wir in positiver Stimmung beispielsweise die Frisur der Geliebten ebenso besser wie in positiver Stimmung die Frisur von Otto Schily?

Trotz der kritikwürdigen Aspekte bietet das Modell von Schwarz einige Vorzüge. So kann Schwarz verschiedene Ansätze in sein Modell integrieren. Indem negative Stimmung signalisiert, dass die Situation problematisch ist und die Kontrolle über die Situation noch erlangt werden *muss*, gelingt die Integration des Kontrollmotivations-Ansatzes von Weary et al. (1993, siehe Kapitel 2.3.2). Schwarz kann erklären, warum Personen in positiver Stimmung nicht nur einen vereinfachten Informationsverarbeitungsstil nutzen, sondern auch risikofreudiger und spielerischer vorgehen (z.B. Isen, Daubman & Nowicki, 1987; Johnson & Tversky, 1983). Da positive Stimmung eine unproblematische Situation signalisiert, können Personen in der betreffenden Stimmung eher Risiken auf sich nehmen. Ebenso kann Schwarz zahlreiche Befunde von Bower (1981, s. Kap. 2.3.1) erklären. Auch die angesprochene Asymmetrie des Facilitationseffekts, der in den Untersuchungen von Bower (1981) zu finden ist, kann im Rahmen des Modells von Schwarz erklärt werden. Das Modell unterstellt keinen Einfluss der Stimmung auf die Verarbeitungskapazität. Damit ist es im Gegensatz zu Modellen, die derartige Einflüsse postulieren (s. Kap.2.3.2) auch kompatibel mit Befunden, die trotz stimmungsabhängiger Urteile keine verringerte Kapazität in negativer Stimmung zeigen (Clore et al., 1994).

Ein weiterer bedeutender Vorteil des Modells von Schwarz ist, dass es klar vorhersagt, wann keine Stimmungseffekte zu erwarten sind. Nach Schwarz (1990) ist der Einfluss der Stimmung eine Funktion des wahrgenommenen Informationswertes der Stimmung. Attribuieren, wie im bereits erwähnten Experiment, die Personen ihre Affekte auf eine Quelle, die irrelevant für die Bewertung des Urteilsgegenstandes ist, verliert die Stimmung an Informationswert. Dies hat zur Folge, dass die Stimmung das Urteil nicht beeinflusst (z.B. Keltner, Locke & Audrain, 1993; Schwarz, Servay & Kumpf, 1985).

2.3.2 Stimmung und die Verwendung globaler Wissensstrukturen

Bless (1997) schreibt der Stimmung, wie Schwarz (1990) auch, eine informative Funktion zu. Bless selbst sieht seine Konzeption *„im wesentlichen als Erweiterung der Modellannahmen von Schwarz“* (Bless, 1997, S. 29). Wie Schwarz (1990) nimmt Bless an, dass aus dem Vorliegen bestimmter emotionaler Reaktionen auf die psychologische Situation geschlossen werden kann. Bei der Ableitung aus dieser gemeinsamen Prämisse divergieren die Ansichten von Schwarz (1990) und Bless (1997). Schwarz (1990; wie auch Schwarz & Bless, 1991) geht noch davon aus, dass Stimmung Individuen auch als Hinweis für die Interpretation der Situation dient, aus der die Personen die Angemessenheit eines mehr oder minder aufwendigen Verarbeitungsstils ableiten können. Bless

(1997) nimmt dagegen an, dass die Interpretation einer Situation beeinflusst, in welchem Ausmaß die Informationsverarbeitung von bereits bestehenden, allgemeinen Wissensstrukturen geleitet ist.

Stimmung beeinflusst den obigen Überlegungen zufolge, in welchem Umfang allgemeine Wissensstrukturen für die Informationsverarbeitung herangezogen werden (vgl. Fiedler, 1991). Dazu führt Bless (1997) aus:

> *„Problematische Situationen sind häufig dadurch gekennzeichnet, daß eine Abweichung von bisherigen Situationen erlebt wird. Es erscheint deshalb weniger angebracht, auf das bisherige eigene allgemeine Wissen zu vertrauen. Vielmehr wird es erforderlich sein, spezifische Repräsentationsformen heranzuziehen, die der Abweichung, d.h. der problematischen Situation, eher gerecht werden. Wenn hingegen Individuen ihre Situation als unproblematisch und sicher erleben, so ist zu vermuten, daß sie verstärkt auf die Anwendbarkeit ihres allgemeinen Wissens über die Welt vertrauen"* (S. 29f).

Diese Vermutungen konnten Bless et al. (1996, Studie 1) in einer interessanten Untersuchung stützen. Dafür machten sie sich zunutze, dass Informationen, für die ein Schema zur Verfügung steht, besser erinnert werden können, da diese beim Abruf mit Hilfe des Schemas rekonstruiert werden, d.h. aus bereits vorhandenen Wissensbeständen abgerufen werden können (Fiske & Taylor, 1991). Eine starke Nutzung von globalen Wissensstrukturen würde somit bedeuten, dass schemarelevante Informationen besser erinnert werden können. In dieser Untersuchung wurden den Versuchspersonen, nachdem sie in positive bzw. negative Stimmung versetzt wurden, per Tonband Informationen präsentiert, die für ein Ereignisskript („Restaurantbesuch") typisch, atypisch oder irrelevant waren (s. Graesser et al., 1979). Jede Versuchsperson erhielt Informationen jeder Art. Nach einer Füllaufgabe sollten die Versuchspersonen in einem Wiedererkennungstest angeben, ob die am PC-Bildschrim präsentierten Informationen in der vorigen Schilderung enthalten waren oder nicht. Wenn positive Stimmung zu einer stärkeren Nutzung allgemeiner Informationen führt, sollte die Erinnerungsleistung positiv gestimmter Versuchspersonen, so Bless (1997), nur bei Items, die typisch für das Skript sind, also in Zusammenhang mit dem allgemeinen Wissen stehen, von der Erinnerungsleistung negativ gestimmter Personen abweichen. Und zwar derart, dass abhängig davon, ob die Items tatsächlich in der Originalinformation enthalten waren, typische Items häufiger wiedererkannt bzw. fälschlicherweise wiedererkannt werden. Belege für das Modell fanden sich durch einen Vergleich der Stimmungsbedingungen bei typischen Items, die in der Originalinformation nicht enthalten waren.

Es darf nicht übersehen werden, dass auch Schwarz (1990) positiv gestimmten Personen unterstellt, dass sie stärker auf allgemeines Wissen (in Form von Schemata) zurückgreifen. Während bei Schwarz (1990) der Gebrauch von globalen Wissensstrukturen jedoch als Merkmal eines heuristischen Verarbeitungsstils angelegt ist, erklärt Bless (1997) die Tendenz positiv gestimmter Personen, allgemeines Wissen zu nutzen, direkt über die erhöhte Gewissheit über die Angemessenheit der Verwendung jener Wissensstrukturen. Das bedeutet, nach Schwarz (1990), dass positive Stimmung aufgrund ihrer Signalfunktion über die Anforderungen der Situation, die Motivation, Verarbeitungsaufwand zu betreiben, verringert. Die Nutzung allgemeinen Wissens ist danach eine Folge des verringerten Verarbeitungsaufwands. Das Modell von Bless (1997) hingegen versteht, wie Abbildung 2.2 zeigt, den verringerten Verarbeitungsaufwand in positiver Stimmung als Folge der Nutzung globaler Wissensstrukturen.

Abbildung 2.2 (nach Bless, 1997): Ein Vergleich der Modelle von Schwarz (1990; Alternative A) und Bless (1997; Alternative B)

Alternative A:				
positive Stimmung	→	Verringerter Verarbeitungsaufwand (vermittelt über verringerte Motivation oder Kapazität)	→	Nutzung globaler Schemata
Alternative B:				
positive Stimmung	→	Nutzung globaler Schemata	→	Verringerter Verarbeitungs-aufwand

In vielen Fällen unterscheiden sich die Vorhersagen der beiden Modelle nicht. Allerdings implizieren allgemeine Wissensstrukturen nach Bless (1997) nicht unter allen Randbedingungen eine Vereinfachung der Informationsverarbeitung. Leider führt Bless (1997) diesen Aspekt nicht weiter aus, insbesondere formuliert er keine Vorhersagen, die sein Modell in diesem Fall treffen. Er nennt lediglich als Beispiel starke Inkonsistenzen zwischen Wissensstruktur und zu verarbeitender Information. Die weiteren Erörterungen greifen diesen Punkt gleich nochmals auf. Zunächst sollen jedoch die divergierenden Vorhersagen der Modelle von Schwarz (1990) und Bless (1997) veranschaulicht werden.

Wie dargestellt wurde, unterscheiden sich die beiden Modelle hinsichtlich der Frage, ob die Nutzung globaler Wissensstrukturen eine Folge oder eine Ursache verringerten Verarbeitungsaufwandes ist. Sollten positiv gestimmte Personen allgemeines Wissen nutzen und damit erforderlichen Verarbeitungsaufwand sparen, würde dies wiederum Kapazitäten freisetzen, die für andere Aufgaben bereitgestellt werden können. Sollten positiv gestimmte Personen aufgrund ihrer Stimmung Verarbeitungsaufwand reduzieren und darum allgemeines Wissen nutzen, würden keine Kapazitäten freigesetzt werden. Mit Hilfe eines „dual-task" Paradigmas (Navon & Gopher, 1979) haben Bless et al. (1996, Studie 2) diese Annahme überprüft. Kernstück der Untersuchung ist die Bearbeitung einer Konzentrationsaufgabe während der Darbietung von Informationen mittels eines Tonbands, wie es aus der ersten Studie bekannt ist (s.o.). Die Analysen der Ergebnisse zeigen, dass positiv gestimmte Personen bessere Leistungen bei der zweiten Aufgabe (der Konzentrationsaufgabe) erreichen.

Wie bereits angesprochen wurde, setzt Bless (1997) nicht immer voraus, dass die Verwendung allgemeinen Wissens eine Vereinfachung der Informationsverarbeitung nach sich zieht. Bless (1997) nennt eine Bedingung, unter der er keine Vereinfachung erwartet. Und zwar sollte dies (zum Zeitpunkt der Enkodierung) der Fall sein, wenn die neue Information inkongruent mit dem allgemeinen Wissen ist. Diese Vermutung greift er in einer Untersuchung (Bless, 1997, Studie 3) auf, in der die Kongruenz zwischen kategorialer Information und individuierender Information variiert wird. Als kategoriale Information dient die Valenz der Gruppenzugehörigkeit einer Zielperson (Greenpeace-Mitarbeiter vs. Manager eines Chemiekonzerns). Als individuierende Information dienten verschiedene bezüglich ihrer Valenz variierende Verhaltensweisen. Unter der Bedingung Kongruenz zwischen individuierender und kategorialer Information zeigte sich, dass positiv gestimmte Personen im Gegensatz zu Personen in negativer Stimmung stärker die kategoriale Information für die Beurteilung der Zielperson nutzten. Unter der Bedingung Inkongruenz zwischen individuierender und kategorialer Information zeigte sich bei negativ gestimmten Personen keine Änderung zu dem vorigen Ergebnis. Bei Personen in positiver Stimmung zeigte sich indes ein anderes Muster. Bei positiver individuierender Information wurde die Zielperson positiver beurteilt, wenn sie Mitglied einer positiv statt einer negativ bewerteten Gruppe war. Der Einfluss der Gruppenmitgliedschaft kehrt sich um, wenn sich die Beschreibung der Zielperson aus negativen individuierenden Informationen zusammensetzte. Damit zeigt sich kein Haupteffekt des allgemeinen Wissens. Vielmehr scheinen kategoriale und individuierende Informationen von den Versuchspersonen in ein Verhältnis zueinander gesetzt worden sein, woraus sich die Beurteilung der Zielperson ableitet. Wie dies passiert und warum dies zu dem berichteten Ergebnis führt, kann Bless (1997) allerdings mit seinem Modell nicht erklären.

2.4 Abschließende Bewertung

Die vorangegangenen Ausführungen haben zunächst eines gezeigt: Stimmungseffekte treten in vielfältigen Formen auf, die das ganze Spektrum der sozialen Kognition betreffen. Die Ausführungen haben auch gezeigt, dass die Erklärung dieser Befunde zu sehr unterschiedlichen Ansätzen führt, von denen keiner sämtliche Befunde erklären kann. Dennoch gibt es klare Unterschiede in der Güte der einzelnen Ansätze hinsichtlich ihrer Erklärungskraft.

Eine sehr begrenzte Erklärungskraft hat der Ansatz von Bower (1981), der nicht nur mit den Befunden der Untersuchung von Schwarz (1990) unvereinbar ist, sondern darüber hinaus auch die Befunde der anderen geschilderten Ansätze nicht erklären kann. Wenig vielversprechend ist auch das Ressourcenallokationsmodell von Ellis and Ashbrook (1988). Die Kompatibilität des Ressourcenallokationsmodells mit Befunden anderer Ansätze endet bereits mit der Übereinstimmung mit dem Kontrollmotivations-Ansatz von Weary et al. (1993) hinsichtlich der Frage, welche Stimmungslage für die Stimmungseffekte verantwortlich ist. Andererseits könnte die Divergenz des Modells von Ellis und Ashbrook (1988) mit anderen Befunden auch in unterschiedlichen Intensitäten der untersuchten Stimmungen begründet sein. Das bedeutet, bei einer besonders intensiven negativen Stimmung könnte die kognitive Kapazität tatsächlich so beeinträchtigt sein, dass es zu den von Ellis und Ashbrook (1988) angenommenen Effekten kommt.

Ähnlich beschränkt in ihrer Erklärungskraft sind die Ansätze, die annehmen, positive Stimmung ginge lediglich mit einer höheren Kreativität oder einem höheren intrinsischen Interesse einher als negative Stimmung. Damit lässt sich weder erklären, dass Personen in positiver Stimmung sich eher auch von schwachen Argumenten überzeugen lassen als Personen in negativer Stimmung (Bohner et al., 1992), noch, dass Personen (unter bestimmten Bedingungen) in positiver Stimmung ihre Lebenszufriedenheit höher einschätzen als negativ gestimmte Personen (Schwarz & Clore, 1983).

Vielversprechender ist der Kontrollmotivations-Ansatz von Weary et al. (1993). Nach diesem Ansatz geht negative Stimmung mit einer systematischen und positive Stimmung mit einer weniger analytischen Informationsverarbeitung einher und ist damit äquivalent zu Ansätzen, die auf den Modellen von Petty und Cacioppo (1986) sowie Eagly und Chaiken (1993) basieren. Überschneidungen ergeben sich auch mit dem Stimmung-als-Informations-Ansatz von Schwarz (1990), der postuliert, dass schlechte Stimmung eine problematische Umwelt signalisiert, was wiederum zu der Motivation führt, die Ursachen für diesen

Zustand zu finden und Kontrolle wiederherzustellen. Der Ansatz von Schwarz (1990) geht insofern über die eben erwähnten Ansätze hinaus, da er Vorhersagen machen kann, wann keine Stimmungseffekte zu erwarten sind. Allen erwähnten Ansätzen ist gemeinsam, dass bei negativer Stimmung Informationen systematisch verarbeitet werden. Allerdings machen die Ansätze keine Aussage darüber, *welche* Informationen verarbeitet werden.

Der Ansatz von Bless (1997) kann dagegen angeben, welche Informationen verwendet werden, ohne damit die Vereinbarkeit mit den Befunden aus den obigen Untersuchungen einzubüßen. Darüber hinaus kann Bless Bedingungen aufzeigen, die zu bestimmten Effekten führen, die sein Modell erklären kann, während Schwarz (1990), wie auch andere Ansätze, in ihren Vorhersagen invariant gegenüber diesen Bedingungen sind.

Trotz dieser Vorteile kann das Modell von Bless (1997) nicht alle Befunde erklären, wie am Beispiel der Befunde von Murray et al. (1990) deutlich wird. Zur Erinnerung: Murray et al. (1990) haben zum Beispiel Versuchspersonen in unterschiedlicher Stimmung die Aufgabe gegeben, unter verschiedenen Instruktionen eine Reihe von bekannten Fernsehsendungen in beliebig große Gruppen einzuteilen. Eine Instruktion lautete, bei der Aufgabe besonders die Gemeinsamkeiten der Fernsehsendungen zu beachten. Die andere Instruktion lautete, bei der Aufgabe besonders die Unterschiede der Fernsehsendungen zu beachten. Murray et al. (1990) fanden, dass die Versuchspersonen je nach Bearbeitungsziel tendenziell unterschiedlich große Gruppen bildeten. Achteten die Probanden besonders auf Gemeinsamkeiten, bildeten Versuchspersonen in positiver Stimmung weniger (d.h. größere) Gruppen als Personen der anderen Bedingungen. Achteten die Probanden dagegen besonders auf Unterschiede, bildeten Personen in positiver Stimmung mehr (d.h. kleinere) Gruppen als Versuchspersonen der anderen Bedingungen. Zwar könnte man argwöhnen, dass die Bekanntheit der Fernsehsendungen mit sich brachte, dass die Personen allgemeines Wissen über eine Klassifizierung der Sendungen hatten. Die verstärkte Verwendung solchen Wissens von Personen in positiver Stimmung würde allerdings lediglich einen Haupteffekt der Stimmung erklären, nicht aber die (disordinale) Interaktion der Faktoren Stimmung und Bearbeitungsziel.

Insgesamt sollte damit folgendes deutlich geworden sein: Es ist erstens nützlich im Sinne der Erklärungskraft der Theorie, Stimmung als Information und als Bestandteil der Situationsdefinition aufzufassen. Zweitens kann die stimmungsabhängige Verwendung globalen Wissens eine Vielzahl der Befunde zum Einfluss der Stimmung erklären. Das Modell von Bless (1997) ist damit ein guter Ausgangspunkt für weitere Überlegungen, die nach wie vor notwendig sind, da der Ansatz zur Verwendung globalen Wissens nicht alle Befunde zum

Zusammenhang von Stimmung und Kognition erklären kann. Die folgenden Ausführungen sollen eine Möglichkeit aufzeigen, wie das Modell erweitert werden kann, um damit weitere Befunde erklären zu können.

3 Stimmung und Situationsdefinition

Zu Beginn der vorliegenden Arbeit wurden zwei Ausgangsbedingungen entwikkelt, die die Frage betreffen, welche Faktoren die Situationsdefinition aus einer Perspektive der sozialen Kognition konstituieren. Diese Ausgangsbedingungen waren erstens, dass sich die Situation auf Informationen zurückführen lässt und zweitens, dass zwischen verschiedenen Arten von Informationen unterschieden wird. Aus diesen Bedingungen wurde eine generelle Frage abgeleitet, die den folgenden Überlegungen zugrunde liegt. Diese Frage lautet: Wann werden welche Informationen verwendet? Bless (1997) würde, wie die vorigen Ausführungen gezeigt haben sollten, auf diese Frage antworten, dass in positiver Stimmung (wann?) globales Wissen (welche Information?) eher verwendet wird als in negativer Stimmung. In negativer Stimmung (wann?) wird dagegen eher spezifische Information (welche Information?) verwendet. Auch hier ließen sich also zwei grundlegende Prozesse unterscheiden. Der eine Prozess betrifft die Aktivierung der Information und ein zweiter Prozess betrifft die Bestimmtheit der (reduzierten) Situationsdefinition, an die ein spezifischer Modus der Informationsverarbeitung gekoppelt ist. Den nachfolgenden Ausführungen liegt folgende Annahme zugrunde: Der erste Prozess ist durch die Aktivierung verschiedener Arten von Informationen gekennzeichnet. Zwei Arten von Informationen wurden bereits in den vorangegangenen Erörterungen genannt. Das sind zum einen spezifische und globale Informationen und zum anderen die Stimmung. Eine dritte Art von Informationen sind die bereits zu Beginn dieser Arbeit erwähnten Intentionen. Diese drei Arten von Informationen sollen, so wird angenommen, den Inhalt der Situationsdefinition hinreichend beschreiben. Was die nachfolgenden Ausführungen dann zeigen sollen, ist, dass Stimmung nicht nur als unmittelbare Information dient (wie z.B. „in Gegenwart von Elisabeth fühle ich mich wohl"), sondern eben auch als Information darüber, inwieweit bestimmte vereinfachende Informationen verwendet werden können, ohne Gefahr zu laufen, schwerwiegende Fehler zu begehen. Dies führt zu der These, dass Stimmung nicht nur die Gewissheit über die Angemessenheit der Verwendung globalen Wissens erhöht (wie Bless (1997) postuliert), sondern auch die Gewissheit über die Angemessenheit der Verwendung von formulierten (Handlungs-)Intentionen.

Die anschließende Argumentation, die zu dieser zentralen Annahme führt, ist folgendermaßen strukturiert: Zunächst wird erörtert, inwieweit Intentionen als Informationen aufgefasst werden können. Diese Erörterung bezieht sich demnach noch auf den ersten Prozess, nämlich die Aktivierung verschiedener

Arten von Informationen. Daraufhin wird der zweite Prozess erörtert, indem zunächst das Modell von Bless (1997) auf seinen informationstheoretischen Kern, d.h. auf verschiedene Modi der Informationsverarbeitung, reduziert wird. Schließlich soll der Frage nachgegangen werden, wie Stimmung als Information über die Situation die Gewissheit der Situationsdefinition beeinflusst.

Auch wenn der erste Teil der vorliegenden Schrift etliche Stimmungseffekte berichtet hat, so ist nicht immer zu erwarten, dass Stimmung einen (messbaren) Einfluss auf die Kognition ausübt. Ein zweites Kapitel wird sich darum mit der Frage beschäftigen, wann nach den vorigen Überlegungen keine Effekte der Stimmung zu erwarten sind.

Daran schließt sich der empirische Teil dieser Arbeit an, in dem die empirische Überprüfung verschiedener Aspekte der theoretischen Überlegungen berichtet wird. Die erste Studie stellt eine variierte Replikation einer Untersuchung von Bless (1997, Studie 1) dar und beschäftigt sich demnach mit den Zusammenhängen von Stimmung und der Verwendung globalen Wissens. Sie untermauert die Überlegungen von Bless, zeigt aber auch einige Probleme auf. Die zweite Studie, die wie alle mit Ausnahme der letzten Studie als Laborexperiment durchgeführt wurde, untersucht den Zusammenhang von Stimmung und Intentionen als Informationen. Hier werden sich die gleich folgenden theoretischen Überlegungen erstmals empirisch bewähren müssen. Die dritte Studie kombiniert die verschiedenen Formen von Informationen. Die letzte Untersuchung nimmt eine Sonderrolle ein. Zum einen wird die Stimmung nicht experimentell variiert und zum anderen stehen weniger unterschiedliche Arten von Informationen im Vordergrund; vielmehr liegt der Fokus dort auf der Stabilität der Situationsdefinition.

3.1 Intention als Information

Ein angestrebtes Ziel muss nicht nur aus einer Vielzahl von wünschenswerten Zielen ausgewählt werden, sondern auch verwirklicht werden wollen. Die resultierende Motivationstendenz der Wahl eines Handlungsziels allein genügt nicht, um dieses verbindlich zu machen, so dass dessen Realisation durch die Ausführung geeigneter Handlungen sichergestellt ist. Zur erfolgreichen Zielerreichung bedarf es nach Ach (1905) einer *„im Anschluß an eine Absicht oder einen Entschluß sich vollziehende Determinierung"* (S.4): die determinierende Tendenz.

> *„Unter der Determination ist die eigentümliche Nachwirkung zu verstehen, welche insbesondere von der 'Zielvorstellung', von der übernommenen Aufgabe, also vor allem von der Absicht oder vom Vorsatz ausgeht, und die eine Realisierung des Geschehens im Sinne oder gemäß der Bedeutung dieser Zielvorstellung nach sich zieht"* (Ach, 1935, S. 143).

Eine Zielvorstellung bewirkt eine Art (oft unbewusster) Programmierung, die die Realisierung der Intention, oder nach Ach den Willensakt (1910), organisiert. Dabei ist die Intention an Stimuli gekoppelt, die eine bezüglich der Realisierung günstige Gelegenheit signalisieren. Diese Antizipation einer günstigen Gelegenheit nennt Ach Bezugsvorstellung (vgl. Relevanzmarkierung bei Prinz, 1990). Indem die Bezugsvorstellung die Bedingungen für die Handlungsinitiierung gedanklich vorwegnimmt, wird die Handlungskontrolle auf die Situation verlagert. Sind die antizipierten Bedingungen gegeben, wird die Handlung ausgelöst, so dass das Bewusstsein von einem zentralen Aspekt der Zielerreichung - nämlich der Persistenz der Handlungstendenz - entlastet ist.

Die Determination bewirkt nicht nur, dass die Handlung bei der Wahrnehmung der günstigen Gelegenheit einsetzt, sondern wirkt darüber hinaus in Form der *„determinierten Apperzeption"* auf die Wahrnehmung selbst. Dies geschieht,

> *„indem die Aufmerksamkeit fortlaufend vor allem diejenigen Bewußtseinsinhalte in der Beachtung hervortreten läßt, die für [...] die Erreichung des Zieles von Wichtigkeit sind"* (Ach, 1935, S. 148).

Mit anderen Worten: Eine an die Realisierung einer Intention gekoppelte Gelegenheit tritt bedeutend wahrscheinlicher ins Bewusstsein als eine Begebenheit, die nicht im Zusammenhang mit einer Intention steht. Es erfolgt eine Aufmerksamkeitssteuerung zum Zweck der Handlungsinitiierung und im Sinne der Intention.

Die Stärke der Determination (oder des Willensaktes) ist nach Ach durch zwei Faktoren bestimmt. Erstens durch die Ausprägung des als *aktuelles Moment* bezeichneten Entschlusses („Ich will wirklich!"), die Intention unter Ausschluss jeder anderen Handlungsalternative zu realisieren. Und zweitens durch die Spezifität der Ziel- und Bezugsvorstellung, deren Verbindung Ach (1905) als *gegenständliches Moment* bezeichnet („*Gesetz der speziellen Determination*").

Heckhausen und Gollwitzer (1987) haben auf der Grundlage dieser Überlegungen ein Modell entwickelt, das die Prozesse der Intentionsbildung und -realisierung in verschiedenen Phasen des Handlungsablaufs zusammenführt. In der Phase, die unmittelbar der Durchführung der intendierten Handlung vorausgeht, wird u.a. die oben beschriebene verbindliche Gelegenheit antizipiert, die für die Realisierung der Intention ideal erscheint.

> *„Durch die im Vorsatz spezifizierte 'wenn-dann'-Beziehung zwischen Gelegenheit und Handlung wird die Handlungsausführung an das Auftreten der Gelegenheit gekoppelt"* (Steller, 1992, S. 54).

Vorsätze sind nach Brandstätter (1991):

> *„Intentionen, die sich auf konkrete Aspekte der zielführenden Handlung beziehen. Darunter fallen die Gelegenheit, bei der zu handeln begonnen werden soll, die genaue Art und Weise der Handlungsausführung und die Bedingung für das Handlungsende"* (S. 67).

Vorsätze entlasten die Verarbeitungskapazität, da beispielsweise in einer aktuellen Situation bereits entschieden ist, ob sie als Gelegenheit zur Ausführung der geplanten Handlung günstig ist oder nicht. Wenn eine entsprechende Situation eintritt, *muss* also nicht mehr geprüft werden, ob die Gelegenheit günstig ist. Erst dieser Umstand macht nach Gollwitzer (1991) die Bearbeitung mehrerer Handlungsziele möglich, indem zentrale Aspekte der angestrebten Handlung (wann, wie und wie lange) an die Umwelt (die Gelegenheit) delegiert werden. Dass dies notwendig ist, zeigt bereits die Alltagserfahrung, nach der ständig mehrere Intentionen auf ihre Realisierung warten. Zum Beispiel möchte man einkaufen, während gleichzeitig die Absicht besteht, einen Freund anzurufen, wie auch Spanisch zu erlernen, eine Arbeit abzufassen, ein guter Vater zu werden und so weiter. In Anbetracht der Tatsache, dass Intentionen, die stets im Bewusstsein gegenwärtig wären, eine Überbelastung darstellten, ist dies höchst funktional.

Grundsätzlich gibt es drei Klassen von Vorsätzen, die unterschiedliche Informationen beinhalten: Erstens den bereits geschilderten Gelegenheitsvorsatz (Handlungsbeginn), zweitens den Durchführungsvorsatz (Handlungsausführung) und drittens den Deaktivierungsvorsatz (Handlungsende). Zu beachten ist dabei, dass nicht jede Intention alle Vorsätze beinhalten muss. Welche Vorsätze gefasst werden, um eine Intention zu realisieren, hängt von den antizipierten Schwierigkeiten ab, die einer Realisierung entgegenstehen. Wird zum Beispiel erwartet, dass die Handlungsinitiierung unproblematisch ist, während die Durchführung und die Beendigung der Handlung Schwierigkeiten bereitet, wird man nur einen Durchführungs- und einen Deaktivierungsvorsatz bilden. Schwierigkeiten sind dann gegeben, wenn keine entsprechenden Routinen als Wissen vorhanden sind. Der modus operandi zum Öffnen einer Weinflasche ist zum Beispiel bekannt und braucht darum nicht in einem aktuellen Vorsatz formuliert werden. Erst dann, wenn sonst hilfreiche Routinen versagen, wird ein Vorsatz gebildet.

Vorsätze und jene Routinen werden nach Gollwitzer (1991) wie globales Wissen automatisch aktiviert. Weitere Zusammenhänge werden auf der Ebene einzelner Schemabegriffe deutlich. Der Begriff Stereotyp ist beispielsweise definiert als die Menge von Überzeugungen hinsichtlich der gemeinsamen Merkmale der Mitglieder einer bestimmten sozialen Kategorie (Macrae, Stangor & Hewstone, 1996). Damit verknüpft sind bestimmte Erwartungen und Handlungsbereitschaften (Macrae & Bodenhausen, 1998), die einem Teil der zuvor besprochenen Routinen entsprechen. Besonders augenfällig wird der Zusammenhang beim Begriff Skript, der spezifische Ereignisabfolgen in bestimmten Situationen beschreibt (Schank & Abelson, 1977). Skripte sind mit bestimmten Handlungsplänen verknüpft, die die erfolgreiche Bewältigung jener Situationen sicherstellen sollen (ebd.). Auch diese Schemata sind als Routinen aufzufassen. Ein weiterer Begriff, der im Zusammenhang mit Schemata genannt wird, aber dennoch nicht vollständig zu diesen gezählt wird, ist der Begriff der Einstellung (Fiske & Taylor, 1991), was in erster Linie darauf zurückzuführen ist, dass der Begriff in der Literatur sehr uneinheitlich verwendet wird (Eagly & Chaiken, 1993). Durchgesetzt haben sich ein Modell, das drei Dimensionen der Einstellung unterscheidet (affektiv, kognitiv und verhaltensbezogene Dimension; s. Rosenberg & Hovland, 1960) und ein Modell, das demgegenüber nur eine Dimension (Affekt; s. Petty & Cacioppo, 1981) postuliert. Es findet sich aber auch der Begriff der determinierenden Tendenz als Synonym von Einstellung (Häcker & Stapf, 1998). Meist wird ein solches Konstrukt jedoch lediglich als Bereitschaft definiert, sich gegenüber dem Einstellungsobjekt auf besondere Weise zu verhalten. Egal welche Definition zugrunde liegt, die Verbindung ist eindeutig: Einstellungen werden nur - und nur dann - gebildet, wenn das Einstellungsobjekt eine Bedeutung hat, also mit individuellen Zielen in irgendeiner Weise verknüpft ist. Einstellungen finden sich also eher in Vorsätzen wieder, obgleich dabei vernachlässigt wird, dass Einstellung eine spezielle Handlungsabsicht ist, nämlich eine Absicht, die dauerhaft ist, also nicht durch eine Handlung deaktiviert wird.

Exkurs: Rubikonmodell der Handlungsphasen

Die Geschichte des Rubikonmodells der Handlungsphasen ist auch die Geschichte einer in zwei Problembereiche zerrissenen Motivationsforschung. Zum einen widmete sie sich dem Problem der Bildung von Intentionen - dem Motivationsproblem im engeren Sinne - und zum anderen dem Problem der Realisierung von Intentionen - dem Volitionsproblem. Eine Zusammenführung beider Bereiche hat lange nicht stattgefunden. Erst 1983 hat Kuhl in der Monographie 'Motivation, Konflikt und Handlungskontrolle' auf diese Einseitigkeit aufmerksam gemacht, also fast 80 Jahre nach der grundlegenden Formulierung willenspsychologischer Fragestellungen durch Narziß Ach (1905). Bis zur Berücksichtigung von Intentionsbildung und Intentionsrealisierung im Rubikonmodell von Heckhausen und Gollwitzer (1987) verstrichen nochmals vier Jahre.

Ausgangspunkt des Rubikonmodells *„ist eine erweiterte Motivationspsychologie, die die lange vergessene deutsche Willenspsychologie miteinbezieht"* (Gollwitzer, 1991, S. 5). Unter der Erweiterung versteht Gollwitzer die Integration kognitiver Aspekte der Informationsverarbeitung:

> *„Diese umfassende Perspektive wirft natürlich nicht nur die zentralen motivationspsychologischen Fragestellungen auf, wie die Wahl von Handlungszielen und wie die Bewertung des erzielten Handlungsergebnisses ausfällt, sondern schließt darüber hinaus auch die kognitionspsychologischen Fragen ein, auf welche Art und Weise die Wahl eines Handlungzieles, die zugehörige Handlungsausführung und die*

Bewertung des Handlungsergebnisses ablaufen" (Gollwitzer, 1991, S. 5).

In Bezug auf die deutsche Willenspsychologie berufen sich Heckhausen und Gollwitzer (1987) in erster Linie auf Ach (1905; 1910; 1935), der sich ganz dem volitionalen Aspekt der Zielerreichung gewidmet hat und darüber hinaus auf Lewin (1922). Lewin wollte nachweisen, dass Achs Begriff der Determination Verhaltensweisen nicht hinreichend erklärt. Dafür fehle eine übergeordnete 'energetisierende' Kraft, die dafür sorgt, dass Ziele verfolgt werden *wollen*. Diese übergeordnete Kraft bezeichnete Lewin (1926, 1951) wenig später als *„Quasi-Bedürfnis"*. Damit vollzog er eine Schwerpunktverschiebung vom Volitionsproblem zum Motivationsproblem.

Stark verkürzt dargestellt, haben Handlungsziele laut Lewin als Quasi-Bedürfnisse die Qualität echter (primärer und sekundärer) Bedürfnisse wie zum Beispiel des Hungers. Ähnlich wie bei psychohydraulischen Modellen (z.B. Lorenz, 1950) erzeugen Intentionen einen Spannungszustand, der nach Entspannung - der Umsetzung des Handlungsziels - strebt. Daraus ergeben sich zwei wichtige Folgerungen. Eine Aufmerksamkeitssteuerung im Sinne der Intention findet erstens *nicht* statt, da keine Kopplung von günstiger Gelegenheit und Intention besteht. Und zweitens: Die Stärke des Willensaktes ist nach Lewin durch die Wichtigkeit des übergeordneten Ziels bestimmt.

Im Hinblick auf das Rubikonmodell wird damit deutlich, dass zwar - wie Ach zeigte - volitionale Prozesse für eine Handlung wichtig sind, jedoch nicht ausschließlich für die Handlungsausführung verantwortlich sind. Ebenso müssen motivationale Faktoren berücksichtigt werden.

Kuhl (1983) hat auf diesen Umstand aufmerksam gemacht, als volitionale Fragestellungen längst aus der Motivationsforschung verschwunden waren. In seiner Handlungskontrolltheorie (ebd.) steht zwar die Frage im Vordergrund, wie sich eine Intention gegen andere (konkurrierende) Intentionen durchsetzt, doch vertritt Kuhl darin auch die versöhnliche Auffassung, dass grundsätzlich zwei Motivationsformen im Handlungsprozess wirken (s. Abb. 3.1). Die erste Form findet sich in der Argumentation Lewins und stellt eine Abhängigkeit zwischen Oberziel und Motivationsstärke her. Kuhl bezeichnet sie als Selektionsmotivation. Realisationsmotivation nennt Kuhl ein Äquivalent zu Achs aktuellem Moment.

Abbildung 3.1: Motivationsgrundlage der Handlung

Ach	Vornahme	
Lewin		Oberziel
Kuhl	Vornahme	Oberziel

Diese Gedanken macht sich das Rubikonmodell der Handlungsphasen zu eigen, dessen Kern die Gliederung des Handlungsverlaufs in vier distinkte Phasen ist, die den Prozess von der ersten Wunschregung über die Durchführung der Handlung bis zur Bewertung des Handlungsergebnisses widerspiegeln. Die Phasen werden als prädezisionale Motivationsphase, präaktionale Volitionsphase, aktionale Volitionsphase und postaktionale Motivationsphase bezeichnet (Heckhausen & Gollwitzer, 1987; s. Abb. 3.2).

Abbildung 3.2 (nach Heckhausen, 1989): Handlungspsychologische Phasenabfolge nach Heckhausen und Gollwitzer (1987)

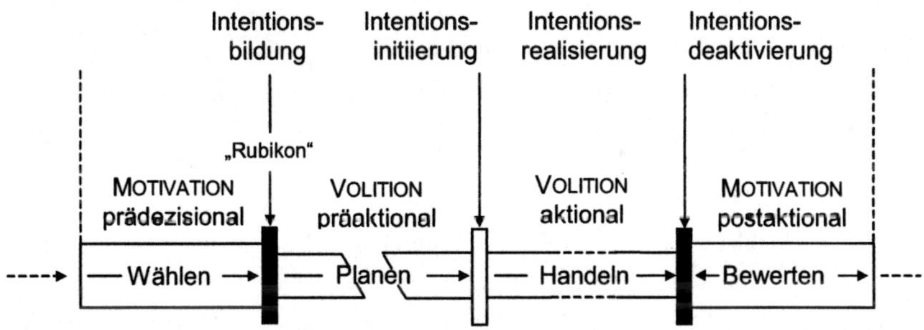

Jede Phase geht mit einer typischen Aufgabe einher, die bewältigt werden muss, wenn die Handlungsphase zu einem erfolgreichen Abschluss gebracht werden soll. Heckhausen und Gollwitzer haben gezeigt, dass zu der Bewältigung der Aufgaben jeweils eine distinkte kognitive Orientierung beiträgt, die für die jeweilige Phase funktionalen Charakter hat (Heckhausen & Gollwitzer, 1987; Gollwitzer & Kinney, 1989; Gollwitzer, 1990; Gollwitzer, Heckhausen & Steller, 1990). Sie bezeichnen die kognitiven Orientierungen auch als *Bewusstseinslagen*, die entweder motivationalen oder volitionalen Charakter haben, d.h.

entweder durch ein Abwägen zwischen Gründen oder durch die konkrete Ausführung von Handlungen gekennzeichnet sind.

Prädezisionale Motivationsphase

Im Namen der ersten Phase des Rubikonmodells kommt zweierlei zum Ausdruck. Zum einen handelt es sich um eine Phase, die im Ablauf der Handlung vor einen Entschluss angeordnet ist, also ergebnisoffen ist. Dieser Aspekt betrifft die Frage nach dem Zweck der Phase. Zweitens handelt es sich um eine Phase, deren Vorgänge motivationaler Art sind. Dieser Aspekt betrifft die Frage nach der Besonderheit der Phase und ihrem funktionalen Charakter.

Der Zweck dieser Phase ist, aus einer Vielzahl von undeutlichen, unklaren, jedoch attraktiven Zielzuständen ein Ziel zu wählen, das verfolgt werden soll. Dabei kommen *„sowohl Kriterien der Realisierbarkeit (Erwartung) als auch der Wünschbarkeit (Wert) zum Tragen*" (Gollwitzer, 1991, S. 40).

Das bedeutet, dass ein Individuum zum einen einschätzt, ob ein Ziel tatsächlich durch eigenes Handeln und den Umständen nach erreichbar ist. Und zum anderen wird eingeschätzt, welche positiven und negativen Folgen mit der Realisierung des Ziels verknüpft sind und wie diese bewertet werden. Darin offenbart sich die für die erste Phase besondere und typische Bewusstseinslage des Abwägens.

Die Funktion dieser spezifischen Bewusstseinslage besteht in einer *realitätsorientierten* Bewältigung der komplexen Aufgabe des Abwägens (Gollwitzer, 1988; Heckhausen, 1989). Die Überlegungen sollen realistisch sein, d.h. die Informationen sollen unvoreingenommen und möglichst erschöpfend elaboriert werden, um ein wirklich wünschenswertes und realisierbares Ziel zu wählen. Wann die Verarbeitung der Informationen beendet wird, erläutert das Konzept der *Fazittendenz* (Gollwitzer, 1991). Sie wird umso stärker,

> *„je mehr die abwägende Person davon überzeugt ist, die mögliche Elaboration der anstehenden Fragen ausgeschöpft zu haben. Erreicht die Fazittendenz einen bestimmten Schwellenwert, wird die Elaboration abgebrochen"* (Gollwitzer, 1991, S. 41).

Mit dem Abbruch der Elaboration ist die Entscheidung für ein Ziel gefallen, d.h. das Individuum hat eine Intention bezüglich dem, *was* es will, gefasst. Nach diesem Schritt tritt der Handlungsprozess in die nächste Phase.

Präaktionale Volitionsphase

Die zweite Phase ist durch die Bewusstseinslage des Planens gekennzeichnet. Nun muss geplant werden, *wie* das gesetzte Ziel realisiert werden soll. Die Planung erfolgt jedoch nur, wenn Schwierigkeiten bei der Handlungsinitiierung oder/und der Handlungsausführung erwartet werden (s. Kuhl, 1983). Routinierte Handlungen oder Handlungen, die völlig unproblematisch sind, wie z.B. sich ankleiden, können ohne die Unterstützung von Vorsätzen realisiert werden, d.h. es kann direkt von der prädezisionalen Phase in die aktionale Phase übergegangen werden.

Ein Wunsch muss demnach nicht zwangsläufig alle vier Handlungsphasen durchlaufen, um realisiert zu werden. Vielmehr passt sich der Handlungsverlauf den Anforderungen an, die eine bestimmte intentionsrealisierende Handlung stellt (Gollwitzer, 1991).

Im Gegensatz zur ersten Phase ist die zweite Phase nicht *realitäts*orientiert, sondern *realisierungs*orientiert, d.h. das zielgerichtete Planen steht im Vordergrund. Der Wechsel von der motivationalen zur volitionalen Phase kommt in der Verwendung der Rubikon-Metapher im Namen des Modells zum Ausdruck. Gleich der Entscheidung Caesars, mit dem Überschreiten des Flusses Rubikon einen Bürgerkrieg zu entfachen, stellt die Bildung einer Zielintention als Übergang zur zweiten Handlungsphase einen entscheidenden unumkehrbaren Schritt zur Intentionsrealisierung dar.

Nach der verbindlichen Festlegung auf ein Ziel werden alle grüblerischen und zweifelnden Gedanken verdrängt. Informationen, die die Umsetzung des Ziels unterstützen, werden vorrangig analysiert. Die Intentionsrealisierung wird mit besonderer Intensität angestrebt.

Im Laufe der Planung wird eine (verbindliche) günstige Gelegenheit antizipiert, die für die Realisierung der Intention ideal erscheint. Dieses Phänomen entspricht Achs Begriff der Bezugsvorstellung.

Neben der Parallele zu Achs Bezugsvorstellung findet sich im Rubikonmodell auch eine Entsprechung zu der apperzeptiven Determination. Was Ach als Aufmerksamkeitssteuerung im Sinne der Intention postulierte, taucht bei Gollwitzer als Prozess der Passungsprüfung (Gollwitzer, 1991) wieder auf. Gollwitzer geht, ebenso wie Ach, davon aus, dass die Kopplung Handlung - Gelegenheit über die selektive Aufmerksamkeit hinaus bei positiver Passungsprüfung einen Handlungsimpuls auslöst (Gollwitzer, 1990). Gollwitzer und seine Mitarbeiterinnen konnten in verschiedenen Studien Hinweise dafür erbringen, dass es nach der Wahrnehmung eines kritischen Stimulus *automatisch* zu einer „Passungsprüfung" zwischen Stimulus und günstiger Gelegenheit kommt (Brandstätter, 1991; Steller, 1992) und darüber hinaus ein Handlungsimpuls erfolgt (Malzacher, 1992; Gollwitzer, 1993). Ist die Planung der beabsichtigten Handlung hinreichend und zufriedenstellend abgeschlossen, kommt es zur Ausbildung von Vorsätzen, und die präaktionale Volitionsphase ist damit beendet.

Aktionale Volitionsphase

Liegt eine günstige Gelegenheit für eine geplante Handlung vor, die als solche erkannt wird, kommt es zur Handlungsinitiierung. Unter welchen konkreten Umständen die Intention zur Ausführung kommt, zeigt das Konzept der Fiattendenz[2].

Unter Fiattendenz ist das Zusammenwirken der Volitionsstärke einer Zielintention (vgl. Lewin, 1951) und des Grades der Günstigkeit einer Gelegenheit (vgl. Ach, 1935) hinsichtlich der Realisierbarkeit des intendierten Ziels zu verstehen. Jede Gelegenheit wird dabei mit anderen (zukünftigen) Gelegenheiten verglichen (*Längskonkurrenz*). Ist die aktuelle Situation für die Realisierung weiterer Intentionen günstig (*Querkonkurrenz*), gewinnt die Intention mit der höchsten Motivationstendenz Zugang zur Exekutive. Grundsätzlich gilt, je höher die Fiattendenz, umso höher die Wahrscheinlichkeit der Realisierung der Intention bei der aktuellen Gelegenheit. Ist die zu lösende Aufgabe - das erfolgreiche Abschließen der Intentionshandlung - bewältigt, ist der Übergang zur postaktionalen Motivationsphase vollzogen.

---

[2] Der Begriff „fiat" stammt aus dem Lateinischen und bedeutet „Es geschehe".

Postaktionale Motivationsphase

Nach den volitionalen Aufgaben ‚Planen der Handlungsrealisation' und ‚Ausführung der intendierten Handlung' muss der Handelnde nun wie schon in der ersten Phase eine motivationale Aufgabe bewältigen.

> „*Die erzielten Handlungsergebnisse müssen evaluiert werden und die Konsequenzen der Evaluation für zukünftiges Handeln bedacht werden*" (Gollwitzer, 1991, S. 48).

Dabei hilft eine kognitive Orientierung, der ein ähnlicher Grundtenor wie der Bewusstseinslage des Abwägens zugrunde liegt. Wieder gilt es, möglichst objektiv und nüchtern Informationen zu analysieren. Bei der postaktionalen Motivationsphase muss entschieden werden, ob das angestrebte Ziel tatsächlich erreicht wurde. Ist dies der Fall, wird die Zielintention deaktiviert. Andernfalls wird die Zielintention an die neue Situation angepasst (Gollwitzer, 1991) oder es müssen neue Gelegenheits- und Durchführungsvorsätze gefasst werden oder die bereits gefassten entsprechend den neuen Bedingungen angepasst werden (ebd.).

3.2 Verarbeitung von Information

Ein Beitrag zur sozialen Kognition muß sich notwendigerweise mit verschiedenen Modi der Informationsverarbeitung auseinandersetzen. Die vielfältigen Formen menschlichen Verhaltens sind nicht allein auf die unterschiedlichen Verflechtungen aktivierter verfügbarer Informationen zurückzuführen, sondern auch im beachtlichen Maß dadurch, wie mit den Informationen umgegangen wird (Chaiken & Trope, 1999, s.a. Kap. 2.2.). Die ausgeprägte Tendenz, die Welt durch Dichotomien verständlich zu machen, schließt die Beschreibung der verschiedenen Art und Weisen, Informationen zu verarbeiten nicht aus. In der Literatur finden sich dementsprechend einige Ansätze z.B. zur Persuasion (Shen & Chaiken, 1999; Petty & Cacioppo, 1986), zur Personenwahrnehmung (Brewer, Weber & Carini, 1995; Fiske & Neuberg, 1990) und zur Stereotypisierung (Devine & Monteith, 1999) in der Tradition der sozialen Kognition, die zwischen zwei Modi der Informationsverarbeitung unterscheiden.

Auch Bless' (1997) Überlegungen basieren auf den Grundannahmen dieser Tradition (für einen Überblick s. Chaiken & Trope, 1999). Die Verwendung globalen Wissens ist nichts anderes als das Äquivalent zu jenem Modus, der abhängig von der zugrunde gelegten Theorie als heuristisch, peripher, assoziativ oder automatisch bezeichnet wird. Es wird immer davon ausgegangen, dass bestimmte Informationen automatisch aktiviert werden, d.h. es bedarf keiner willentlichen Aktivierung der Inhalte, vielmehr werden sie situativ angeregt (Higgins, 1996). Damit ist verbunden, dass die Inhalte zwar prinzipiell bewusstseinsfähig sind, gewöhnlich aber nicht bewusst werden, d.h. sie stellen eine Form impliziten Wissens dar (Reber, 1967). Mit einer weiteren Eigenschaft wird globales Wissen zum idealen „Schnellweg" der Urteilsbildung. Neben der Eigenschaft der automatischen Aktivierung hat globales Wissen die Eigenschaft, sozial geteilt zu sein. Nach Moscovici (1981) ist das Wissen gesellschaftlich getragen, wodurch es über die Subjektivität hinausgeht (vgl. Durkheim, 1976). Sei es, dass zum Beispiel die Aufrichtigkeit des EU-Komissionsmitglieds Pascal Lamy oder die Bedeutung der Relativitätstheorie von Einstein beurteilt werden soll: Unser globales Wissen über Politiker bzw. über Albert Einstein im allgemeinen erlaubt uns, ohne großen Aufwand ein akzeptiertes Urteil zu fällen. Eine Informationsverarbeitung, die vorwiegend auf diesen automatisch verfügbaren Informationen beruht, weist damit Ähnlichkeiten mit einer konzeptgesteuerten Verarbeitung auf (Lindsay & Norman, 1981).

Bless (1997) stellt der Verwendung globalen Wissens die Verwendung spezifischen Wissens gegenüber. Eine solche Verarbeitung entspricht einem detailorientierten Modus, der u.a. als systematisch, zentral, symbolisch oder aufwendig bezeichnet wird und das Gegenteil vom zuvor beschriebenen Modus darstellt. Die eher datengesteuerte Verarbeitung (Lindsay & Norman, 1981) zeichnet sich demnach durch die (bevorzugte) aufwendige Berücksichtigung einzelner Informationen, also von Wissensstrukturen geringerer Ordnung (Murphy & Lassaline, 1997) aus. Entsprechende Information ist (in der Regel) nicht automatisch verfügbar und muss erst erarbeitet werden.

Vertreter von Zweiprozesstheorien sind sich inzwischen einig, dass die zwei Modi lediglich (theoretische) Extremfälle darstellen, zwischen denen sich der Verarbeitungprozess bewegt (z.B. Devine & Monteith, 1999; Shen & Chaiken, 1999; Sloman, 1996; Petty & Wegener, 1999; Fiske, Lin & Neuberg, 1999; Gilbert & Malone, 1995). Fiske und Neuberg (1990) haben zum Beispiel mit ihrem Kontinuum-Modell eine Konzeption im Rahmen der Personenbeurteilung vorgelegt, die, ausgehend von einer sogenannten „Initialkategorisierung" („initial categorization"), verschiedene Modi der Informationsverarbeitung umschreibt. Die Schemaaktivierung, denn nichts anderes verbirgt sich hinter dem Ausdruck „Inititalkategorisierung", erfolgt automatisch. Einzelinformationen werden demnach zunächst vernachlässigt. Sie werden erst dann berücksichtigt, wenn das Urteilsobjekt von Interesse ist, d.h. die Motivation ausreichend ist. Dann wird versucht, die Einzelinformationen in das aktivierte Schema zu integrieren. Durch verschiedene weitere Schritte operationalisieren Fiske und Neuberg (1990) einen Verlauf der Informationsverarbeitungsmodi bis zu einem sehr aufwendigen Modus, in dem vorwiegend die Einzelinformationen verarbeitet werden („piecemeal integration"). Die Modi werden nacheinander durchlaufen, jedoch nicht zwangsläufig vollständig. An welchem Punkt des Kontinuums die Informationsverarbeitung abbricht hängt nach Fiske und Neuberg (1990) in erster Linie von der Motivation ab. Die Verfügbarkeit der Schemata spielt hier noch nur bei deren Aktivierung eine Rolle. Stellen wir uns zum Beispiel eine Person vor, die sich ein Urteil über einen Schwarzafrikaner bilden soll. Diese Person ist wie die meisten anderen Personen mit Vorurteilen gegenüber Schwarzafrikanern vertraut. Die Person wird nach Fiske und Neuberg (1990) nur dann die Personeneigenschaften Engagiertheit und Intelligenz in ihr Urteil einfließen lassen, wenn sie über ein Mindestmaß hinausgehend motiviert ist. Wie sehr die Person mit den Vorurteilen vertraut ist, d.h. wie sehr die Vorurteile verfügbar sind, ist nach dem Kontinuum-Modell irrelevant.

Bei Fazio (1990a) ist die Verfügbarkeit dagegen ein wesentlicher Faktor der Informationsverarbeitung. Fazio möchte mit seinem Modell unterschiedliche Befunde integrieren, die enge und lose Einstellungs-Verhalten–Zusammenhänge belegen. Je verfügbarer eine Einstellung ist, umso größer ist nach Fazio - unter sonst gleichen Umständen - die Wahrscheinlichkeit, dass sie unmittelbar handlungsleitend wird. Ist die oben beschriebene Person ein Rassist, wird die verzerrte Einstellung zu Schwarzafrikanern so sehr verfügbar sein, dass sie mit großer Wahrscheinlichkeit nach diesen Vorurteilen handelt. Eine prinzipiell ähnliche verhängnisvolle Wirkung hätte auch eine kurzfristige Erhöhung der Verfügbarkeit, etwa durch priming (Banaji, Hardin & Rothman, 1993; Wittenbrink, Judd & Park, 1997). Allerdings dürfen andere Faktoren nicht vernachlässigt werden (z.B. Lepore & Brown, 1997; Stapel & Koomen, 1998). Fazios Rahmenmodell (1990a, s.a. Fazio & Towles-Schwen, 1999) umfasst neben der Motivation den häufig vernachlässigten Faktor Opportunität. Das bedeutet, dass Personen auf globales Wissen vertrauen müssen, wenn sie nicht die Möglichkeit haben, einzelne Informationen zu verarbeiten, weil sie zum Beispiel unter Zeitdruck stehen (z.B. Mussweiler & Strack, 1999; Kerstholt, 1996; Kerstholt, 1995; Kapplan, Wanshula & Zanna, 1993).

So lässt sich zusammenfassend feststellen, dass sich verschiedene Verarbeitungsmodi auf die Art der Information zurückführen lassen, die verarbeitet wird: Eine wenig aufwendige Art der Informationsverarbeitung bedeutet, Informationen, die automatisch aktiviert werden, zu verarbeiten. Eine aufwendige Art der Informationsverarbeitung bedeutet hingegen, Informationen zu verarbeiten, die erst gewonnen werden müssen. Mit dieser Verallgemeinerung ist die bisherige Einschränkung auf spezifische und globale Informationen aufgehoben. Das heißt, in einer bestimmten Weise zu verarbeiten, kann nicht nur bedeuten, diese Art von Informationen in unterschiedlichem Ausmaß zu verwenden, sondern auch, weitere Arten von Informationen zu berücksichtigen. Diese weiteren Arten von Informationen sollen in der vorliegenden Arbeit Stimmung und Intentionen sein. Wie Stimmung die Verwendung von Intentionen (und den anderen Arten von Informationen) beeinflusst, ist Gegenstand des folgenden Kapitels.

3.3 Stimmung und Intention

Der erste Abschnitt dieser Arbeit sollte zeigen, dass globales Wissen wichtige Funktionen im Handlungsverlauf hat. Globales Wissen verkürzt kognitive Prozesse, indem unmittelbar Informationen verwendet werden können, die sonst erst nach aufwendiger Verarbeitung verfügbar wären. Damit werden zwar häufig Fehler in Kauf genommen, die auf eine falsche Applikation des Wissens zurückgehen, die aber häufig nicht dysfunktional sind. Unser Alltag besteht schließlich nicht nur aus Handlungen und Entscheidungen, die eine enorme Tragweite haben, sondern auch (und wahrscheinlich vorwiegend) aus vielen, scheinbar nebensächlichen Verrichtungen, die trotz ihrer anscheinenden Banalität bewältigt werden müssen.

Globales Wissen ist jedoch nicht die einzige Information, die im Zielerreichungsprozess benötigt wird. Die obigen Ausführungen sollten plausibel machen, dass Intentionen (wie auch Stimmungen) ebenso Bestandteile der Situationsdefinition sind und beim Zielstreben in die gleichen übergeordneten Prozesse eingebunden sind. Der Stimmung kommt dabei eine besondere Funktion zu. Sie ist nicht nur Bestandteil der Situationsdefinition als Teil der aktivierten Information (was in den vorigen Ausführungen als erster Prozess bezeichnet wurde), sondern dient auch als Information über die Bestimmtheit der Situationsdefinition. Das bedeutet, dass Stimmung auf die Verwendung der Informationen von Intentionen in der gleichen Weise wirkt wie auf die Verwendung globalen Wissens. Stimmung beeinflusst die Gewissheit über die Angemessenheit der Verwendung jener automatisch verfügbaren Informationen, wobei es gleichgültig ist, welcher Art diese Informationen sind. Je besser die Stimmung ist, umso höher sollte die Gewissheit über die Angemessenheit jener Informationen sein.[3] Positive Stimmung sollte demnach die Gewissheit über die Angemessenheit der Situationsdefinition erhöhen und damit auch die Wahrscheinlichkeit, dass die mit ihr verknüpften Informationen unmittelbar verwendet werden. Negative Stimmung sollte demgegenüber die Gewissheit über die Angemessenheit der Situationsdefinition verringern und so zu gegenteiligen Effekten führen.

---

[3] Die Wortwahl mag dazu verleiten, zu glauben, dieser Vorgang sei ein bewusster Prozess. Das ist natürlich nicht der Fall, hier handelt es sich lediglich um eine Modellvorstellung.

3.4 Grenzen des Stimmungseinflusses

Stimmung ist ein alltägliches Phänomen. Jeder hat wohl jeden Tag das Gefühl, dass das Erleben durch eine bestimmte Stimmung geprägt ist. Dennoch sind wir nicht der Überzeugung, dass sich unsere Stimmung, wenn sie auch allgegenwärtig sein mag (Bollnow, 1956), stets auf unser Tun auswirkt. Das liegt nicht nur daran, dass wir diese Wirkungen nicht wahrhaben können oder wollen, sondern auch daran, dass es sie unter bestimmten Umständen nicht gibt (Forgas, 1995). Welche Umstände sind dies, die keine Effekte der Stimmung erwarten lassen? Mit dieser Frage verbindet sich auch ein methodisches Problem, denn natürlich kann z.B. positive Stimmung zu der unmittelbaren Verwendung globalen Wissens führen, das wiederum in ein Urteil mündet. Die Verwendung spezifischen Wissens, die durch negative Stimmung angeregt ist, muss jedoch nicht zwangsläufig zu einem anderen Urteil führen. Es ist ja gerade der Vorteil globalen Wissens, dass wir damit häufig zu passablen Ergebnissen kommen. Das bedeutet, ein Effekt auf die Informationsverarbeitung muss nicht zwangsläufig mit einem Effekt auf das Urteil einhergehen.

Derartige Probleme können inzwischen häufig mit bestimmten Messvariablen gelöst werden, wie z.B. der Reaktionslatenz (Fazio, 1990b), die direkt Teilprozesse der Informationsverarbeitung abbilden können, so dass die Informationsverarbeitung nicht erst über deren Ergebnis nachvollzogen werden muss. Die Probleme treten immer dann auf, wenn globales Wissen mit dem spezifischen Wissen kongruent ist, d.h. die Urteilssituation eindeutig ist. Wenn z.B. ein Urteil über die Menschlichkeit des Nationalsozialisten Hermann Göring gefällt werden soll, kann globales und spezifisches Wissen kaum zu unterschiedlichen Urteilen führen.

Grundsätzlich kann Stimmung natürlich keinen Effekt haben, wenn kein globales Wissen und keine relevanten Intentionen vorhanden sind. In völlig neuartigen Situationen besteht kein allgemeines Wissen, weshalb auch keine Effekte auftreten können. Darüber hinaus ist zu vermuten, dass solche Situationen mit einer negativen Stimmung einhergehen, so dass ein Effekt in zweierlei Hinsicht unwahrscheinlich ist, da negative Stimmung eher mit einer detailorientierten Informationsverarbeitung einhergeht.

Über diese generellen Zusammenhänge hinaus spielen Faktoren eine Rolle, die in den vorangegangen Ausführungen nur am Rande erwähnt wurden. Dies sind die Faktoren Motivation, Verfügbarkeit der Informationen und Opportunität. Bezüglich des letzten Faktors wurde bereits ausgeführt, dass Individuen nur unter bestimmten Bedingungen aufwendig verarbeiten können. Unabhängig von der Stimmung müssen Personen daher auf allgemeine Informationen zurückgreifen, wenn sie z.B. unter Stress stehen oder in Zeitdruck sind. Auch dann ist allerdings wieder zu vermuten, dass diese Faktoren eher mit negativer Stimmung einhergehen.

Der Faktor der Motivation findet sich im Konzept der Volitionsstärke wieder. Die Volitionsstärke entspricht der Stärke des Willensaktes bei Lewin (1922) und ist durch die Wichtigkeit des übergeordneten Ziels bestimmt. Die Motivation im Sinne Fazios (1990a, s. Kap. 3.1.1) entspricht der Volitionsstärke konkurrierender Handlungsabsichten, ist also negativ mit der Realisierung der fokussierten Intention verknüpft. Wenn die im Kapitel 3.1.1 beschriebene Person beispielsweise die Absicht hat, ein valides Urteil zu fällen, dann konkurriert diese Absicht mit der rassistischen Einstellung um ihre Realisierung. Daraus resultiert eine Bedingung, unter der kein Effekt der Stimmung zu erwarten ist. Wenn die Volitionsstärke dagegen zu gering ist (das entsprechende Ziel also sehr unwichtig ist), werden auch negativ gestimmte Personen allgemeines Wissen verwenden.

Der Faktor der Verfügbarkeit findet sich in den Überlegungen zweimal wieder: zum einen ist er positiv mit der Volitionsstärke verknüpft (s. Bsp. des Rassisten) und zum anderen geht eine höhere Verfügbarkeit mit einer höheren Wahrscheinlichkeit der positiven Passungsprüfung von antizipierter günstiger Gelegenheit und Situation einher (s. priming). Verfügbarkeit ist auch bei Forgas (1995) die entscheidende Variable bei der Urteilsstrategie des „direkten Zugriffs" („direct access"), die keine Stimmungseffekte hervorruft. Forgas nennt in seinem „Affect Infusion Model" eine weitere Strategie, die ebenso keine Effekte nach sich zieht. Er nennt diese Strategie die motivierte Strategie („motivated"), die durch die Absicht gekennzeichnet ist, ein Urteil besonders akkurat zu fällen. Sie entspricht demnach einem Zielerreichungsprozess mit hoher Volitionsstärke (bezüglich des Ziels, ein akkurates Urteil zu fällen), die dazu führt, dass kein globales Wissen verwendet wird. Eine hohe Volitionsstärke führt bei Intentionen indes nicht (notwendigerweise) zu einer eher systematischen Informationsverarbeitung, da eine hohe Volitionsstärke nach Gollwitzer (1991) lediglich dazu führen sollte, dass die Vorsätze sehr genau und umfassend formuliert werden. Die Formulierung der Handlungsintention findet aber unabhängig von der Handlungsrealisierung statt. Die Aktivierung der Information (der Intention) sollte zwar durch eine hohe Volitionsstärke begünstigt werden, der Prozess der Bestimmtheit der Situationsdefinition bleibt davon jedoch unberührt, so dass Stimmung auch unter dieser Bedingung zu den beschriebenen Effekten führen kann.

3.5 Untersuchung 1: Stimmung und Stereotyp

Die vorangegangenen Überlegungen beziehen sich in großem Umfang auf das Modell von Bless (1997), das im ersten Teil der vorliegenden Arbeit vorgestellt wurde. Es kann deshalb nicht verwundern, dass sich die Vorhersagen in Bezug auf den Einfluss positiver Stimmung auf die Verwendung globaler Wissensstrukturen nicht unterscheiden. Da sich Personen in positiver Stimmung der Angemessenheit globalen Wissens gewisser sein sollten als Personen in negativer Stimmung, werden positiv gestimmte Personen eher die entsprechenden Informationen unmittelbar nutzen. Diese Studie hat also die Annahme mit dem Modell von Bless (1997) gemeinsam, dass positiv gestimmte Personen eher allgemeines Wissen heranziehen als Personen in negativer Stimmung. Die erste Untersuchung der vorliegenden Arbeit stellt darum größtenteils eine Replikation der Untersuchung von Bless dar (s. Kap. 2.3.2). Die einzige entscheidende Abweichung ergibt sich aus dem Wunsch, die Annahme anhand einer weiteren Art von Schema zu überprüfen. Die folgende Untersuchung soll demnach untermauern, dass das Modell nicht nur theoretisch, sondern auch empirisch auf alle Formen allgemeiner Wissensstrukturen anwendbar ist.

Von zentraler Bedeutung bei der Wahl des experimentellen Paradigmas ist die Möglichkeit, zeigen zu können, dass positive Stimmung tatsächlich eher zur Verwendung allgemeinen Wissens führt und nicht etwa nur Verarbeitungskapazität beeinflusst, wie es konkurrierende Ansätze postulieren (s. Kap. 2.2). Bless (1997, Studie 1) trägt diesem Aspekt Rechnung, indem er den Versuchspersonen verschiedene Arten von Informationen darbietet, die später Gegenstand einer Rekognitionsaufgabe sind (s. Kap. 2.3.2). Die per Tonband präsentierten Informationen sind entweder typisch, atypisch oder irrelevant in Bezug auf das aktivierte Ereignisskript. Annahmen über die Verarbeitungskapazität sind gegenüber der Unterscheidung typischer, atypischer und irrelevanter Stimuli invariant, d.h. sie würden in Bezug auf die Rekognitionsleistung einen Haupteffekt der Stimmung vorhersagen. Den vorherigen Überlegungen zufolge sind dagegen im Einklang mit Bless (1997) nur bei solchen Informationen Unterschiede zwischen den Stimmungsbedingungen in der Rekognitionsleistung zu erwarten, die in Bezug zum relevanten allgemeinen Wissen stehen.

3.5.1 Methode

Die erste Untersuchung macht sich das Vorgehen von Bless (1997, Studie 1) zu eigen. Unterschiede ergeben sich in erster Linie aus der Absicht, bei den Versuchspersonen eine andere Art von Schema zu aktivieren. Als derartige globale Wissensstruktur wurde in dieser Untersuchung das Stereotyp einer Vegetarierin verwendet. Für die Auswahl der Items wurden 61 in Bezug auf das Stereotyp typische, atypische und irrelevante Merkmale zusammengetragen, die dann von 20 Studierenden daraufhin beurteilt wurde, inwieweit die Mehrheit der Bevölkerung glaubt, dass die Merkmale auf das Stereotyp „Vegetarierin" zutreffen. Schließlich wurden 30 Merkmale ausgewählt, von denen jeweils zehn typisch, atypisch oder irrelevant in Bezug auf das Stereotyp „Vegetarierin" sind. Davon 15 zufällig ausgewählte Stimuli (also jeweils fünf typische, atypische und irrelevante Merkmale) wurden den Versuchspersonen nicht wie bei Bless per Tonband präsentiert, sondern visuell auf einem Computerbildschirm dargeboten. Die Präsentation der Stimuli wie auch der weitere Versuchsablauf waren vollständig rechnergestützt, d.h. die Versuchspersonen wurden nach der Stimmungsinduktion vom Versuchssteuerungsprogramm durch das gesamte Experiment geleitet.

Die Stimuli wurden in der Mitte des Computerbildschirms mit einer festgelegten Darbietungszeit und in einer festen, aber zufällig ausgewählten Reihenfolge automatisch präsentiert. Die Darbietungszeit von 1000 Millisekunden wurde je nach Anzahl der Silben der Stimuli nach oben bzw. unten korrigiert, d.h. je mehr Silben ein Stimulus aufwies, umso länger wurde der Stimulus auf dem Bildschirm präsentiert. Die Darbietung wurde mit der folgenden Anweisung eingeleitet:

> *„Ihnen werden nachfolgend einzelne Informationen über eine Person präsentiert. Bei dieser Person handelt es sich um die Vegetarierin Monika T. Ihre Aufgabe ist es, sich von Monika T. einen Eindruck zu bilden. Die einzelnen Informationen laufen automatisch ab. Ihre Darbietungszeit ist knapp bemessen, reicht aber völlig aus, die Information zu lesen."*

Nach der Präsentation der Stimuli bearbeiteten die Versuchspersonen zwei Ablenkungsaufgaben, um eine reine Rezitation der präsentierten Stimuli und somit Effekte des Kurzzeitgedächtnisses zu vermeiden. Die erste Aufgabe bestand aus der Bearbeitung einer deutschen Kurzfassung der Need-for-Cognition-Skala (NFC; Bless et al., 1994), die ursprünglich von Cacioppo und Petty (1982) für den anglo-amerikanischen Sprachraum entwickelt wurde. Die zweite Aufgabe bestand in der Bearbeitung von Teilen des Konzentrations-Leistungs-Tests (KLT), der auf ein von Düker (1949) entwickeltes Verfahren zurückgeht.

In der sich daran anschließenden Rekognitionsaufgabe wurden alle 30 Merkmale in einer wiederum zufälligen, aber festen Reihenfolge präsentiert. Die Hälfte der Merkmale waren bereits in der ersten Darbietung verwendet worden, zur anderen Hälfte jedoch neu. Nach jeder Darbietung eines Stimulus hatten die Versuchspersonen zu entscheiden, ob das präsentierte Merkmal neu ist oder zuvor bereits präsentiert wurde. Den Abschluss der Untersuchung bildeten eine Manipulationskontrolle der Stimmung und die Erhebung einiger standarddemographischer Daten.

Mit der anfänglichen Stimmungsinduktion und der direkt nachfolgenden ersten Manipulationskontrolle der Stimmung kommt es damit zu dem in Tabelle 3.1 dargestellten Versuchsablauf. Die Stimmung wurde anders als bei Bless (1997, Studie 1) nicht durch die Erinnerung positiver oder negativer Lebensereignisse induziert, sondern mit Hilfe zweier Filmausschnitte (Szenen aus „Flashdance" und „Sophies Entscheidung") variiert. Die verwendete Methode stellt eine besonders wirksame und praktikable Möglichkeit der Stimmungsmanipulation dar (Westermann et al., 1996). Um die Effektivität der Stimmungsmanipulation zu gewährleisten (Schwarz, 1990), wurde die Stimmungsinduktion als separate Studie eingeführt, die aus ökonomischen Gründen mit der vermeintlich zweiten Untersuchung durchgeführt würde. Die scheinbar erste Untersuchung bestand aus verschiedenen Füllfragen, zwischen denen die vier Items der Manipulationskontrolle eingebettet waren. Anhand dieser siebenstufigen Items hatten die Versuchspersonen anzugeben, inwieweit sie sich im Augenblick fröhlich, entspannt, traurig oder verärgert fühlten.

Tabelle 3.1: Versuchsablauf von Untersuchung 1

1. Einführung
2. Stimmungsmanipulation
3. Manipulationskontrolle t_1
4. Darbietung der Stimuli
5. Ablenkungsaufgaben
6. Rekognitionsaufgabe
7. Manipulationskontrolle t_2
8. standarddemographische Daten

Aus der vorigen Darstellung ergibt sich ein 2 x 2 x 3 - faktorielles Versuchsdesign. Einziger Faktor, der zwischen den Versuchspersonen variiert wurde ist „Stimmung" mit den Faktorstufen „positiv" und „negativ". Die beiden anderen Faktoren wurden innerhalb der Versuchspersonen variiert. Dies ist zum einen der Faktor „Darbietung", bei dem die Stimuli danach unterschieden werden, ob sie in der Präsentation der Merkmale der Vegetarierin enthalten waren (Faktorstufe „bereits dargeboten") oder nicht (Faktorstufe „noch nicht dargeboten"). Zum anderen ist dies der Faktor „Bezug zum Stereotyp" mit den Faktorstufen „typisch", „atypisch" und „irrelevant". Als abhängige Variable dient die Wiedererkennungsleistung der Versuchspersonen. Sie wird angegeben als der Anteil der Entscheidungsfehler an allen möglichen Entscheidungen. Derartige Fehler entstehen entweder daraus, in der Präsentation der Merkmale der Vegetarierin enthaltene Merkmale der Gruppe der bereits dargebotenen Merkmalen zuzuordnen oder andersherum, nicht in der Präsentation enthaltene Merkmale, der Gruppe der noch nicht dargebotenen Merkmale zuzuordnen. Die Leistungen können demnach prinzipiell zwischen 0% Fehlentscheidungen und 100% Fehlentscheidungen variieren.

An der Untersuchung nahmen 60 Studierende der Friedrich-Alexander-Universität Erlangen-Nürnberg teil, die zufällig den beiden Stimmungsbedingungen zugeordnet wurden. Pro Versuchsdurchgang nahm eine Person am Experiment teil.

3.5.2 Ergebnisse

Vor der Betrachtung der abhängigen Variable gilt die Aufmerksamkeit zunächst der Stimmungsmanipulation. Aus den vier Items der ersten Manipulationskontrolle wurde, nach entsprechender Invertierung der Items „traurig“ und „verärgert“, ein Index gebildet (Cronbach's Alpha = 0.82), der mit höheren Werten eine bessere Stimmung wiedergibt. Der Vergleich der beiden Stimmungsbedingungen anhand dieser Werte zeigt, dass Personen der positiven Stimmungsbedingung nach der Manipulation erwartungsgemäß hochsignifikant besser gestimmt waren als Personen der negativen Stimmungsbedingung (5.06 vs. 3.34; $t(58) = 6.0$, $p < .001$; s. Abb. 3.3).

Die Reliabilitätsanalyse der Items der zweiten Manipulationskontrolle zeigt, dass kein Index generiert werden kann (Cronbach's Alpha = 0.53), so dass die zweite Manipulationskontrolle anhand der Einzelitems durchgeführt werden musste. Wie Tabelle 3.2 zeigt, ergibt sich nur beim Vergleich zwischen den Stimmungsbedingungen anhand des Items „fröhlich“ signifikante Unterschiede (3.97 vs. 3.20; $t(58) = 2.1$, $p < .05$). Die Vergleiche anhand der anderen Items ergeben zwar stets niedrigere Mittelwerte bei Personen der negativen Stimmungsbedingung als bei Personen der positiven Stimmungsbedingung, sind jedoch durchweg nicht signifikant (alle $t < 1$).

Abbildung 3.3: Manipulationskontrolle t_1

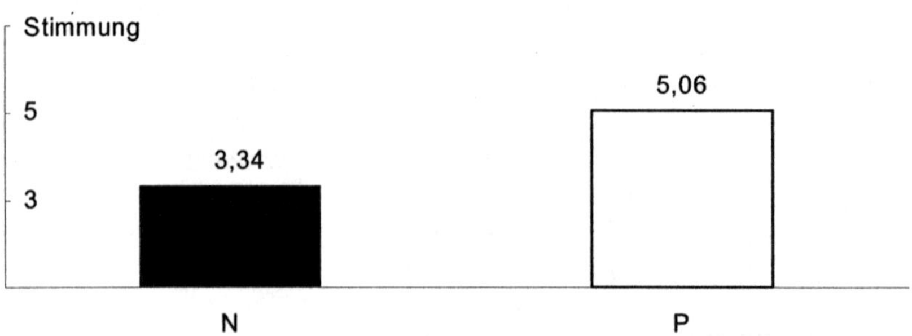

Anmerkung: N = negative Stimmungsbedingung, P = positive Stimmungsbedingung.

Tabelle 3.2: Manipulationskontrolle t_2

	N	P
fröhlich	**3.20** (1.40)	**3.97** (1.40)
traurig	**3.83** (1.42)	**4.20** (1.47)
entspannt	**4.83** (1.58)	**5.03** (2.04)
verärgert	**5.77** (1.48)	**6.10** (1.09)

Anmerkung: N = negative Stimmungsbedingung, P = positive Stimmungsbedingung. Standardabweichungen in Klammern. Bei den Items „traurig" und „entspannt" handelt es sich um invertierte Items.

Für die Überprüfung der Annahme, positive Stimmung ginge eher mit einer Verwendung der stereotypen Information einher, wurden zunächst verschiedene Indizes gebildet, die jeweils die gemittelte Fehlerrate der entsprechenden Faktorstufen der Faktoren wiedergeben, die innerhalb der Versuchspersonen variiert wurden. Merkmale mit einer Itemschwierigkeit von über 90% wurden aus der weiteren Analyse ausgeschlossen (Fisseni, 1990). Die resultierenden Mittel der Fehlerraten gibt Tabelle 3.3 wieder. Danach scheinen die Unterschiede bei irrelevanten Merkmalen in Bezug auf das Stereotyp zwischen den Stimmungsbedingungen am geringsten zu sein. Der größte Unterschied zwischen den Stimmungsbedingungen findet sich bei den nicht dargebotenen typischen Merkmalen (positiv vs. negativ: 0.40 vs. 0.29). Eine Messwiederholungsanalyse mit allen Faktoren offenbart indes unerwartetes: Danach scheinen Personen in positiver Stimmung generell mehr Fehlentscheidungen zu treffen als Personen in negativer Stimmung (0.31 vs. 0.23; $F(1,58) = 6.0$, $p < .05$). Die Kontraste zwischen den Stimmungsbedingungen zeigen aber, dass der Haupteffekt der Stimmung lediglich auf typische und atypische Merkmale zurückgeht (s. Tab. 3.4).

Tabelle 3.3: Fehlerraten in Abhängigkeit von Stimmung, Darbietung und Bezug zum Stereotyp

	Stimuli					
	präsentiert			nicht präsentiert		
	typisch	atypisch	irrelevant	typisch	atypisch	irrelevant
P	**0.36** (0.26)	**0.26** (0.22)	**0.22** (0.24)	**0.40** (0.28)	**0.38** (0.24)	**0.22** (0.24)
N	**0.28** (0.23)	**0.18** (0.24)	**0.18** (0.23)	**0.29** (0.24)	**0.30** (0.24)	**0.18** (0.23)

Anmerkungen: N = negative Stimmungsbedingung, P = positive Stimmungsbedingung. Standardabweichungen in Klammern. Die Variable „Fehlerraten" gibt den Anteil der falsch zugeordneten Stimuli wieder.

Tabelle 3.3 zeigt weiter, dass die Unterschiede, die teilweise knapp die Signifikanz verfehlen, bei atypischen (bereits dargeboten: 0.26 vs. 0.18; $t(58) = 1.3$, $p = .11$; noch nicht dargeboten: 0.38 vs. 0.30; $t(58) = 1.2$, $p = .12$ (jeweils bei einseitigem Test)) und insbesondere bei typischen Merkmalen (bereits dargeboten: 0.36 vs. 0.28; $t(58) = 1.3$, $p = .09$; noch nicht dargeboten: 0.40 vs. 0.29; $t(58) = 0.06$ (jeweils bei einseitigem Test)) dafür sprechen, dass Personen in positiver Stimmung mehr Fehlentscheidungen treffen, insbesondere dann, wenn die Stimuli in einem Bezug zum Stereotyp stehen. Auch die Faktoren „Darbietung" (bereits dargeboten (0.25) vs. noch nicht dargeboten (0.30); $F(1,58) = 4.2$, $p < .05$) und „Bezug zum Stereotyp" (typisch (0.33) vs. atypisch (0.28) vs. irrelevant (0.20); $F(2,57) = 8.3$, $p < .01$) weisen Haupteffekte auf. Der Haupteffekt des Faktors „Darbietung" zeigt in Einklang mit Erkenntnissen aus der Gedächtnispsychologie (Tulving & Thomas, 1971), dass die Entscheidung bei noch nicht dargebotenen Merkmalen generell schwieriger ist. Darüber hinaus zeigt der Haupteffekt „Bezug zum Stereotyp", dass die Rekognition generell bei typischen Items fehlerbehafteter ist als bei atypischen Items und bei irrelevanten Items fehlerbehafteter ist als bei atypischen Items. Weiterhin ist die Interaktion dieser Faktoren signifikant ($F(1,57) = 3.5$, $p < .05$; s. Tab. 3.5). Danach machen Personen unabhängig von der Stimmung besonders bei nicht dargebotenen Merkmalen Fehler, wenn sie in Bezug zum Stereotyp stehen. Weitere mögliche Effekte erreichen kein konventionelles Signifikanzniveau (alle $F < 1$).

Tabelle 3.4: Einzelvergleiche einzelner Stimulusklassen in Abhängigkeit der Stimmung

Stimuli					
präsentiert			nicht präsentiert		
Typisch	atypisch	irrelevant	typisch	atypisch	irrelevant
$t(58) = 1.3$ $p = 0.09$	$t(58) = 1.3$ $p = 0.11$	$t < 1$	$t(58) = 1.6$ $p = 0.06$	$t(58) = 1.2$ $p = 0.12$	$t < 1$

Anmerkung: Die berichteten Signifikanzen ergeben sich bei einem einseitigen Test.

Tabelle 3.5: Fehlerraten in Abhängigkeit von Darbietung und Bezug zum Stereotyp

Stimuli	präsentiert	nicht präsentiert
typisch	**0.32** (0.25)	**0.35** (0.26)
atypisch	**0.22** (0.23)	**0.34** (0.24)
irrelevant	**0.20** (0.23)	**0.20** (0.23)

Anmerkung: Standardabweichungen in Klammern. Die Variable „Fehlerraten" gibt den Anteil der falsch zugeordneten Stimuli wieder.

3.5.3 Diskussion

Die erste Untersuchung kann die Ergebnisse von Bless (1997) zu weiten Teilen replizieren. So gibt es gute Gründe, die Befunde trotz einiger unerwarteter Ergebnisse als gewichtige Hinweise zu deuten, dass positiv gestimmte Personen eher globale Wissensstrukturen verwenden als Personen in negativer Stimmung. Zunächst zeigt die erste Manipulationskontrolle eindeutig, dass sich die zwei Stimmungsbedingungen wie beabsichtigt voneinander unterscheiden. Die zweite Manipulationskontrolle ist weniger eindeutig. Schon die Mittelwerte zeigen, dass im Verlauf des Experiments eine Angleichung der Stimmungsbedingungen stattgefunden hat. Dennoch geben die Versuchspersonen der positiven Stimmungsbedingung durchschnittlich bei allen Items an, sich besser zu fühlen als die Versuchspersonen der negativen Stimmungsbedingung. Tatsächlich erreicht bei der zweiten Manipulationskontrolle der Unterschied zwischen den Stimmungsbedingungen beim Item „traurig – fröhlich" eine signifikante Höhe.

Die Stabilität der positiven Stimmung über den Zeitraum des Experiments kann grundsätzlich auf zweierlei Arten ausgelegt werden. Zum einen kann die einseitige Veränderung der Stimmung lediglich als Instabilität der negativen Stimmung gedeutet werden. Wenn wir uns vergegenwärtigen, dass ein Abklingen der Manipulation natürlich und darum zu erwarten ist, kann in dem Ergebnis aber auch ein Zeichen dafür gesehen werden, dass die Induktion einer positiven Stimmung nicht gelungen ist. Statt dessen gelang es nur, „neutrale" Stimmung zu bewahren (vgl. Bollnow, 1956), die zwangsläufig nicht abklingen kann. Eine zusätzliche neutrale Stimmungsbedingung könnte Hinweise zugunsten der einen oder anderen Interpretation liefern. Die Notwendigkeit einer solchen Bedingung wird später diskutiert, weshalb hier auf die generelle Diskussion verwiesen wird.

Wie erwartet, bewirken die Unterschiede in der Stimmung auch Unterschiede in den Entscheidungen der Versuchspersonen. Unerwartet ist jedoch der Befund, dass Personen in positiver Stimmung scheinbar unabhängig von der Darbietung der Stimuli und deren Bezug zum Stereotyp durchweg mehr Fehlentscheidungen treffen als Personen in negativer Stimmung. Eine nähere Betrachtung relativiert diesen Befund jedoch. Beim Einzelvergleich zeigt sich, dass der Effekt lediglich auf solche Merkmale zurückgeht, die in Bezug zum Stereotyp stehen. Wie bei der Untersuchung von Bless (1997, Studie 1) ist der Unterschied bei noch nicht dargebotenen typischen Merkmalen am höchsten. Hier erreicht der Unterschied zwischen den Stimmungsbedingungen nahezu eine konventionelle signifikante Höhe. Bei irrelevanten Merkmalen zeigen sich sehr deutlich erwartungsgemäß keine Unterschiede zwischen Personen in positiver und negativer Stimmung. Diese Befunde sind bereits ein Hinweis, dass positive Stimmung tatsächlich zu einer verstärkten Verwendung von allgemeinem Wissen führt. Dass die Einzelvergleiche der einzelnen Faktorkombinationen kein konventionelles Signifikanzniveau erreichen, mag daran liegen, dass die Versuchspersonen mit dem Stereotyp „Vegetarierin" nicht hinreichend vertraut gewesen sein könnten. Das Stereotyp könnte demnach nicht hinreichend Teil der Situationsdefinition gewesen sein.

Die oben formulierte Annahme, dass positiv gestimmte Personen eher allgemeines Wissen heranziehen als Personen in negativer Stimmung, setzt voraus, dass Personen in vielen Bereichen sehr ähnliches allgemeines Wissen haben, das jedoch in unterschiedlichem Ausmaß zur Urteilsbildung herangezogen wird. Diese Prämisse ist unkritisch, sie gilt als sehr gut abgesichert (Flick, 1998).

Dennoch ist die Annahme nicht uninteressant, da sie auf einen fragwürdigen Aspekt in der zentralen Untersuchung von Bless (1997, Studie 1; s.a. Kap. 2.3.2) hinweist.

Zur Erinnerung: Den Versuchspersonen wurde in dieser Untersuchung ein Tonband vorgespielt, das die Schilderung eines Restaurantbesuchs wiedergab. Nach einer Füllaufgabe (über ca. 15 Minuten) bearbeiteten die Probanden eine Rekognitionsaufgabe, in der sie entscheiden mussten, ob der dargebotene Stimulus in der Tonbandschilderung enthalten war oder nicht. Entscheidend ist hier vorerst der Zeitpunkt der Stimmungsmanipulation. In dieser Untersuchung wurde die Stimmung der Versuchspersonen gleich zu Beginn manipuliert. Das bedeutet aber, dass die Stimmung mit den allgemeinen Wissensstrukturen (dem Ereignisskript also) konfundiert ist, da nicht ausgeschlossen werden kann, dass die Personen in unterschiedlicher Stimmung das entsprechende allgemeine Wissen in Abhängigkeit der Stimmung systematisch verändern. In diesem Fall hätten die Versuchspersonen also nicht mehr das gleiche allgemeine Wissen über Restaurantbesuche, so dass eine Interpretation der Ergebnisse in Bezug auf die Hypothese nicht mehr möglich ist. Die Ergebnisse könnten also zum Teil dadurch zustande gekommen sein, dass Personen nicht Wissen unterschiedlich *anwenden*, sondern unterschiedliches Wissen *haben*. Die Stimmung sollte angesichts dieser Problematik nach der Präsentation der Informationen manipuliert werden. Die vorletzte Untersuchung wird unter anderem diesen Aspekt thematisieren.

3.6 Untersuchung 2: Stimmung und Handlungsinitiierung

Die vorangegangene Studie konnte verschiedene Hinweise dafür liefern, dass Personen in positiver Stimmung eher globales Wissen verwenden als Personen in negativer Stimmung. Das Ziel der vorliegenden Schrift geht aber über eine Replikation der Untersuchung von Bless (1997, Studie 1) hinaus. Stimmung soll nicht nur eine Signalwirkung für die Angemessenheit der Verwendung globalen Wissens haben, sondern generell die Gewissheit über die Angemessenheit der Situationsdefinition beeinflussen. Wie in den vorangegangenen Kapiteln argumentiert wurde, gehören zu dieser Definition nicht nur allgemeines Wissen, sondern auch Vorsätze, die an bestimmte Zielintentionen geknüpft sind. Positive Stimmung sollte nach diesen Überlegungen gegenüber negativer Stimmung eher zu einer Verwendung jener Vorsätze führen. Die zweite Studie dient der Überprüfung dieser Annahme.

Dabei steht im Mittelpunkt der Studie ein bestimmter Vorsatz, der sehr häufig eine zentrale Rolle in der Zielerreichung spielt. Es ist der Gelegenheitsvorsatz, der eine ideale verbindliche Gelegenheit für die Realisierung des angestrebten Ziels festlegt. Demgemäß beschränkt sich die Studie auf den zentralen Aspekt der Handlungsinitiierung. Die Frage lautet also, ob die Stimmung die Handlungsinitiierung beeinflusst oder genauer, ob positive Stimmung dazu führt, auch suboptimale Gelegenheiten zur Handlungsinitiierung zu nutzen.

Den Einfluss der Vorsatzbildung konnte Malzacher (1992, Studie 1) in einer aufwendigen Untersuchung eindrucksvoll zeigen. In dieser Studie müssen die Probanden eine Doppelaufgabe bewältigen, der eine ähnliche Idee wie beim Paradigma des dichotischen Hörexperiments (Flaherty & Coren, 1974; Bargh, 1982) zugrunde liegt. Das bedeutet, die Probanden müssen erstens eine Aufgabe bearbeiten, die deren Aufmerksamkeit erfordert (z.B. Wörter nachsprechen, die auf einem Ohr präsentiert werden). Gleichzeitig werden (z.B auf dem anderen Ohr) andere Stimuli dargeboten, die ignoriert werden sollen. Diese anderen Stimuli können unter bestimmten Umständen Aufmerksamkeit von der Aufgabe abziehen, so dass die Bearbeitungsleistung (Qualität und Schnelligkeit) abnimmt. Auf diesem Wege können, so wird angenommen, über die Bearbeitungsleistung Rückschlüsse auf kognitive Prozesse gezogen werden (Johnston & Dark, 1986).

In Malzachers Studie (1992) nahmen die Probanden an zwei scheinbar getrennten Experimenten teil. Das vermeintlich erste Experiment stellte die Manipulation der Intention dar. Die Probanden der zwei Experimentalgruppen wurden über Tonband mit einer Versuchsleiterin konfrontiert, die sich ihnen gegenüber sehr unfreundlich und provokativ verhielt. Die zweite Versuchsleiterin des darauffolgenden vermeintlich anderen Experiments ermutigte die Probanden, sich zu einem späteren Zeitpunkt, der noch nicht feststand, bei der unfreundlichen Versuchsleiterin zu beschweren (Zielintentionsbedingung), bzw. Vorsätze zu bilden, was sie der Versuchsleiterin konkret sagen wollen, wenn sie sie sehen (Handlungsintentionsbedingung). In einer Kontrollbedingung wurde den Versuchspersonen nichts zu der ersten Versuchsleiterin gesagt. Bevor die Probanden zum eigentlichen, scheinbar zweiten Experiment übergingen, wurde ihnen die unfreundliche Versuchleiterin auf einem Photo vorgestellt. Dann hatten die Probanden positive (z.B. freundlich, geduldig, umgänglich) und negative (z.B. dreist, unfreundlich, unsympathisch) Adjektive vorzulesen, die auf einer Projektionswand präsentiert wurden. Kurz vor (107ms) den Wörtern wurde subliminal entweder ein Porträt einer neutralen Person oder das Porträt der unfreundlichen Versuchsleiterin dargeboten. Letzteres Porträt signalisiert demnach die günstige Gelegenheit zur Handlungsinitiierung. Bei der postulierten automatisierenden Funktion von Vorsätzen müsste also die Darbietung des kritischen Stimulus bei Probanden mit einem (Gelegenheits-) Vorsatz Aufmerksamkeit von der Lese-Aufgabe abziehen und deren Bearbeitungsleistung herabsetzen. Konkret müssten dann Probanden der Handlungsintentionsbedingung die Adjektive langsamer ablesen als Probanden der anderen Bedingungen (Zielintentionsbedingung und Kontrollbedingung). Diesen Effekt konnte Malzacher bei positiven Adjektiven nachweisen, d.h. obwohl die Gelegenheit zur Handlungsinitiierung lediglich unbewusst - bedingt durch die subliminale Darstellung - wahrgenommen werden konnte, erfolgte ein Handlungsimpuls, der die Bewältigung der Leseaufgabe störte.

Die Studie Malzachers (1992) ist in einer hier interessanten Hinsicht idealisiert. Die günstige Gelegenheit wurde über das Bild der unfreundlichen Versuchsleiterin operationalisiert, d.h. die antizipierte Gelegenheit (Erscheinen der Versuchsleiterin) entsprach weitgehend der signalisierten Gelegenheit (Präsentation des Photos von der Versuchsleiterin). Sehr häufig ist es im Alltag jedoch so, dass günstige Gelegenheiten nicht so antizipiert werden, wie sie sich später tatsächlich ergeben. Die Günstigkeit der Situation ist demnach ein Kontinuum, das von dem Akteur auf eine Dichotomie (günstig vs. nicht günstig , d.h. handeln vs. nicht handeln) reduziert werden muss.

Wenn positive Stimmung eher zur Verwendung der Information des Vorsatzes führt als negative Stimmung, sollten Personen in positiver Stimmung mehr Gelegenheiten nutzen als negativ gestimmte Personen. Dies jedoch selbstverständlich nur dann, wenn ein entsprechender Vorsatz formuliert wurde. Mehr Gelegenheiten nutzen bedeutet hier auch weniger ideale Gelegenheiten nutzen. Insofern die Abweichung der Situation von der antizipierten Gelegenheit als Fehler bezeichnet werden könnte, liegt ein Vergleich des Stimmungseffekts mit der vorangegangenen Studie, die ebenso Fehler untersucht hat, nahe. Dort führte positive Stimmung unter den jeweiligen bestimmten Bedingungen zu weniger und zu mehr Fehlern. Hier wird vorhergesagt, dass positive Stimmung im obigen Sinne immer dann zu mehr Fehlern führt, wenn – was sehr häufig der Fall ist - die Situation von der antizipierten Gelegenheit abweicht. Nur unter der Bedingung der idealen Situation (im Sinne des Gelegenheitsvorsatzes) sollten Personen in positiver Stimmung weniger Fehler machen als negativ gestimmte Personen.

Bedingt durch den Wahrnehmungsvorteil der apperzeptiven Determination (s. Kap. 3.1.2) und durch die automatische Kopplung von Situation und Handlungsinitiierung sollten Personen mit einem Vorsatz kürzere Reaktionszeiten bei kritischen Stimuli der Diskriminationsaufgabe benötigen (s.o.). Dieser Effekt sollte bei Personen in positiver Stimmung auch für Stimuli gelten, die ähnlich zum kritischen Stimulus sind, was als zusätzlicher Beleg dafür gelten kann, dass derart gestimmte Personen eher suboptimale Gelegenheiten zur Handlungsinitiierung nutzen als Personen in negativer Stimmung.

3.6.1 Methode

Wie die vorangegangene Untersuchung und auch die noch folgenden Untersuchungen wurde diese Studie als rechnergestütztes Laborexperiment durchgeführt. Der Versuchsablauf der zweiten Untersuchung stellt sich folgendermaßen dar:

Tabelle 3.6: Versuchsablauf von Untersuchung 2

1. Einführung
2. Vorsatzbildung
3. Stimmungsinduktion
4. Manipulationskontrolle t_1
5. Diskriminationsaufgabe
6. Manipulationskontrolle t_2
7. Standarddemographische Daten

Kern des Experiments ist eine Diskriminationsaufgabe, in der die Versuchspersonen bei verschiedenen Stimuli, die auf dem Bildschirm erschienen, eine von drei bestimmten Tasten drücken sollten. In einer Zielintentionsbedingung nahmen sich die Versuchspersonen lediglich vor, die Aufgabe angemessen zu bewältigen. Probanden einer zweiten Bedingung konnten den Ablauf der Aufgabe in einem beschränkten Rahmen planen, indem sie (scheinbar) die Darbietungsgeschwindigkeit der verschiedenen Stimuli ändern konnten. Die Darbietungsgeschwindigkeit war selbstverständlich unabhängig von dieser planerischen Entscheidung. Der Gelegenheitsvorsatz wurde also nicht durch die unmittelbare Planung einer idealen Gelegenheit implementiert, sondern mittelbar durch die Anregung einer bestimmten kognitiven Orientierung. Heckhausen und Gollwitzer (1987) nennen diese Orientierung die Bewusstseinslage des Planens. Die Vorgehensweise entspricht also u.a. der Methode von Malzacher (1992), die bei den Versuchspersonen den Gelegenheitsvorsatz nicht anregte, indem die Versuchspersonen planen konnten, *wann* sie auf die unfreundliche Versuchsleiterin reagieren, sondern vielmehr indem die Versuchspersonen planen konnten *wie* sie reagieren (vgl. Steller, 1992; Brandstätter, 1991).

Ziel- und Handlungsintention bezogen sich auf das Ziel, bei der Aufgabe möglichst viele Punkte zu erreichen. Punkte konnten erzielt werden, indem so schnell wie möglich auf einen bestimmten Stimulus mit einer von zwei Tasten reagiert wurde. Welche der beiden Tasten zu drücken war, hing davon ab, wo auf dem (hellgrauen) Bildschirm ein runder schwarzer Fleck erschien (s. Abb. 3.4). Erschien der Fleck rechts, sollte die rechte Taste gedrückt werden, erschien der Fleck links, sollte die linke Taste gedrückt werden. Diese Bedingung wurde eingeführt, um die Aufgabe zusätzlich zu erschweren, da eine Vorstudie zeigte, dass die Personen die verwendeten Stimuli zu gut diskriminieren können. Eine dritte Taste sollte immer dann gedrückt werden, wenn der präsentierte Stimulus nicht dem kritischen entsprach. Die Darbietungszeit der Stimuli betrug 200 Millisekunden (zum technischen Problem der Variation der Darbietungszeit s. Haussmann, 1992).

Abbildung 3.4: Beispieloberfläche aus dem Versuchssteuerungsprogramm

Als Stimuli dienten verschiedene Zeichenketten, die systematisch variiert wurden. Ein kritischer Stimulus wurde, wie Abbildung 3.5 zeigt, durch schrittweisen Austausch (entgegen der Leserichtung) einzelner Zeichen derart variiert, dass sich eine Zeichenkette jeweils durch ein ausgetauschtes Zeichen von der vorangegangenen Zeichenkette unterschied. Um eine Differenzierung weiter zu erschweren, wurden erstens die Zeichen durch jeweils ähnliche Zeichen (vgl. Neisser, 1974; Neisser & Lazar, 1964) ersetzt. Zweitens wurde, um die Variationen noch ähnlicher zueinander zu gestalten, der Intra-/Interklasseneffekt (Lilli, 1982) genutzt. Hierfür wurden völlig unähnliche Zeichenketten (mit gänzlich anderen Zeichen) als letzte Variation benutzt, so dass sich zwei Klassen von Zeichenketten ergeben: die Gruppe der ähnlichen sowie die Gruppe der unähnlichen Stimuli. Der Intra-/Interklasseneffekt bewirkt, dass die Unterschiede zwischen diesen Gruppen (Interklassen) betont werden, während die Unterschiede zwischen den Elementen dieser Gruppen (Intraklassen) vermindert werden. Insgesamt wurden 33 Stimuli dargeboten. Die ersten drei (irrelevanten) Stimuli dienten lediglich dazu, die Versuchspersonen mit der Vorgehensweise vertraut zu machen. Von den verbleibenden 30 Stimuli waren vier kritisch und entsprachen exakt dem angekündigten kritischen Stimulus (und signalisierten damit die ideale günstige Gelegenheit). Die ersten drei Abwandlungen des kritischen Stimulus' waren durch jeweils zwei Stimuli präsentiert, während die Gruppe der völlig unähnlichen Stimuli 20 Stimuli umfasste.

Zur Induktion positiver bzw. negativer Stimmung dienten zwei Musiktitel, die ungefähr vier Minuten dauerten und die den Versuchspersonen per Kopfhörer zugespielt wurden. Die Stimmungsmanipulation fand nach der Intentionsbildung und vor der Bearbeitung der Diskriminationsaufgabe statt. Direkt im Anschluß an die Stimmungsmanipulation wurde zum ersten Mal die Effektivität der Manipulation mit einem siebenstufigen Item überprüft. Die Frage lautete: wie fühlen sie sich im Augenblick? Daraus folgt, dass höhere Werte eine bessere Stimmung wiedergeben. Während der Bearbeitung der Aufgabe wurde den Versuchspersonen zur Aufrechterhaltung der Stimmung (s. Clark, 1983) wieder der gleiche Musiktitel ein zweites Mal zugespielt. Die Bearbeitungsdauer der Aufgabe lag immer unter der Dauer des Musiktitels, so dass die Versuchspersonen den Titel lediglich zweimal hörten. Nach der Aufgabe wurde die Effektivität der Stimmungsmanipulation ein zweites Mal überprüft. Einige standarddemographische Daten schließen die Erhebung ab.

Abbildung 3.5: Stimulus-Variation

Originalstimulus	Kritischer Stimulus	9EMWX
		↓
	Stimulus 1. Variation	9EMVX
		↓
Gruppe der ähnlichen Stimuli	Stimulus 2. Variation	9ENVX
		↓
	Stimulus 3. Variation	9FNVX
		↓↓↓↓↓
Gruppe der unähnlichen Stimuli	Stimulus 4. Variation	5DOJL (u.ä.)

Als abhängige Variable wurde erstens der Anteil der Zielhandlungen erhoben, d.h. der Anteil der kritischen Reaktionen an den möglichen Reaktionen und zweitens die Latenz der Reaktionen. Dies führt insgesamt zu einem 2 x 2 x 4 – faktoriellem Versuchsdesign. Erster Faktor ist die Stimmung, die wie in der vorangegangen Studie zweifach variiert wurde. Zweiter Faktor ist die Intention mit den Faktorstufen Zielintention (ohne Vorsatz) und Handlungsintention (mit Vorsatz). Der dritte Faktor wurde im Gegensatz zu den vorigen Faktoren innerhalb der Versuchspersonen variiert. Faktorstufen sind hier „kritische Stimuli“, „Stimuli der 1. Variation“, „Stimuli der 2. Variation“, „Stimuli der 3. Variation“ und „Stimuli der 4. Variation“.

An der Untersuchung nahmen 73 freiwillige vorwiegend studentische Versuchspersonen teil, die zufällig den einzelnen Bedingungen zugeordnet wurden. Eine Versuchsperson musste wegen eines Programmfehlers aus den Analysen ausgeschlossen werden. Pro Versuchsdurchgang nahmen bis zu zwei Personen am Versuch teil, die dann durch eine Trennwand voneinander abgeschirmt wurden.

3.6.2 Ergebnisse

Die erste Analyse bezieht sich auch hier auf die Wirksamkeit der Stimmungsmanipulation. Wie Tabelle 3.7 bereits vermuten lässt, unterscheiden sich die Stimmungsbedingungen zum ersten wie auch zum zweiten Messzeitpunkt hochsignifikant in der erwarteten Richtung (t_1: 4.64 vs. 3.67; $t(70) = 3.2$, $p < 0.005$; t2: 5.08 vs. 4.25, $t(70) = 3.2$, $p < 0.005$). Nach einer Messwiederholungsanalyse mit den beiden Messzeitpunkten der Manipulationskontrolle als Innersubjektfaktor verbessert sich die Stimmung der Versuchspersonen im Verlauf des Experiments unabhängig von den anderen Faktoren wie der Stimmung und der Intention ($F(1, 68) = 8.2$, $p < 0.01$).

Tabelle 3.7: Manipulationskontrolle Messzeitpunkt t_1 und t_2

	Messzeitpunkt t_1	Messzeitpunkt t_2
N	**3.67** (1.22)	**4.25** (1.16)
P	**4.64** (1.36)	**5.08** (1.05)

Anmerkung: N = negative Stimmungsbedingung, P = positive Stimmungsbedingung. Standardabweichungen in Klammern.

Eine weitere Messwiederholungsanalyse mit allen Faktoren und dem Anteil der einzelnen Zielhandlungen, d.h. dem Anteil jener Handlungen, die korrekte oder falsche Reaktionen auf den kritischen Stimulus darstellen, gemessen an allen möglichen Handlungen, als Innersubjektfaktor zeigt zunächst wie erwartet einen sehr starken Effekt dieses Innersubjektfaktors auf den Anteil. Dieser Effekt deutet auf die gelungene Variation der Stimuli (s. Abb. 3.6). Die Messwiederholungsanalyse deutet auch an, dass Personen in positiver Stimmung generell häufiger auf vermeintliche kritische Stimuli reagieren, d.h. mehr Fehler machen, als Personen in negativer Stimmung (0.53 vs. 0.41; $F(1, 70) = 14.9$, $p < 0.001$).

Tabelle 3.8: Anteil Zielhandlungen in Abhängigkeit von Stimmung, Intention und Stimulusvariation

	Zielintention					Handlungsintention				
	K	V1	V2	V3	V4	K	V1	V2	V3	V4
N	**0.85**	**0.72**	**0.19**	**0.11**	**0.07**	**0.86**	**0.81**	**0.36**	**0.06**	**0.08**
	(0.20)	(0.31)	(0.35)	(0.27)	(0.06)	(0.18)	(0.30)	(0.41)	(0.24)	(0.12)
P	**0.85**	**0.86**	**0.53**	**0.31**	**0.09**	**0.93**	**0.89**	**0.61**	**0.19**	**0.06**
	(0.21)	(0.29)	(0.36)	(0.25)	(0.11)	(0.14)	(0.27)	(0.37)	(0.25)	(0.17)

Anmerkung: Standardabweichungen in Klammern. N = negative Stimmungsbedingung, P = positive Stimmungsbedingung. K = kritische Stimuli, V1 = Stimuli 1. Variation, V2 = Stimuli 2. Variation, V3 = Stimuli 3. Variation, V4 = Stimuli 4. Variation. Die Variable „Anteil Zielhandlungen" gibt den Anteil der „kritischen" Reaktionen an den maximal möglichen Reaktionen wieder.

Ein Blick auf die einzelnen Anteile der Zielhandlungen, die Tabelle 3.8 wiedergibt, bestätigt diesen Eindruck, obgleich es eine Bedingung gibt, unter der Personen in positiver Stimmung weniger Fehler machen als negativ gestimmte Personen. Ein Kontrast zwischen positiv gestimmten Personen der Handlungsintentionsbedingung und den anderen Bedingungen zeigt bei kritischen Stimuli, dass Personen in positiver Stimmung häufiger auf den kritischen Stimulus reagieren, d.h. weniger Fehler machen, wenn die Situation dem Gelegenheitsvorsatz entspricht, als Personen in negativer Stimmung ($t(39) = 1.6$, $p = 0.05$[4]). Der entsprechende Kontrast bei irrelevanten völlig unähnlichen Stimuli zeigt keine signifikanten Unterschiede ($t < 1$).

4 Der Freiheitsgrad wurde aufgrund der ungleichen Varianzen der Stichproben korrigiert (s. Bortz, 1993).

Abbildung 3.6: Anteil Zielhandlungen in Abhängigkeit von Stimulusvariation

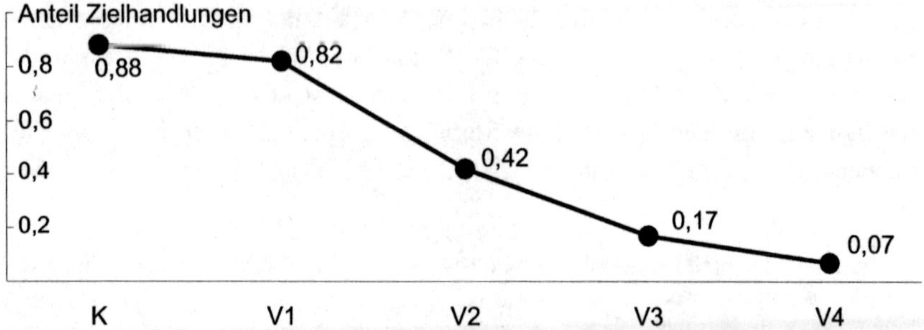

Anmerkung: K = kritische Stimuli, V1 = Stimuli 1. Variation, V2 = Stimuli 2. Variation, V3 = Stimuli 3. Variation, V4 = Stimuli 4. Variation. Die Variable „Anteil Zielhandlungen" gibt den Anteil der „kritischen" Reaktionen an den maximal möglichen Reaktionen wieder.

Die Interaktion von Stimmung und Stimulusvariation ist nach dieser Analyse ebenfalls hochsignifikant ($F(4, 65) = 4.3$, $p < 0.005$, s. Abb. 3.7). Die Interaktion von Intention und Stimulusvariation verfehlt dagegen ein konventionelles Signifikanzniveau ($F(4, 65) = 1.5$, $p = 0.22$). Andere Effekte ergeben sich nicht (alle $F < 1$).

Abbildung 3.7: Anteil der Zielhandlungen in Abhängigkeit von Stimmung und Stimulusvariation

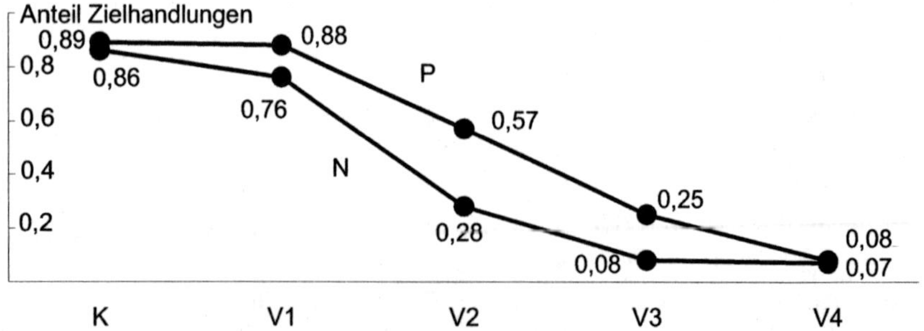

Anmerkung: N = negative Stimmungsbedingung, P = positive Stimmungsbedingung. K = kritische Stimuli, V1 = Stimuli 1. Variation, V2 = Stimuli 2. Variation, V3 = Stimuli 3. Variation, V4 = Stimuli 4. Variation. Die Variable „Anteil Zielhandlungen" gibt den Anteil der „kritischen" Reaktionen an den maximal möglichen Reaktionen wieder.

Die gleiche Analyse mit der Reaktionslatenz als abhängiger Variable ergibt ebenfalls einen hochsignifikanten Effekt beim Faktor Stimulusvariation ($F(4, 65) = 4.9$, $p < 0.005$). Wie Abbildung 3.8 andeutet, geht dieser Effekt jedoch nicht auf einen stetig linearen Zusammenhang zurück. Vielmehr benötigen die Versuchspersonen für völlig unähnliche und für kritische Stimuli die geringste Reaktionslatenz, während sie für die mittleren Ähnlichkeitsvariationen die größte Reaktionslatenz benötigen. Weiterhin hochsignifikant ist der Effekt der Stimmung, wonach positiv gestimmte Personen weniger Zeit benötigen als Personen in negativer Stimmung (576ms vs. 739ms; $F(1, 70) = 12.6$, $p < 0.005$). Der Faktor Intention steht hinsichtlich der Reaktionslatenz lediglich in einer Wechselwirkung mit der Stimmung. Der entsprechende Interaktionseffekt ist marginal signifikant ($F(1, 68) = 2.7$, $p = 0.09$, s. Tab. 3.9), d.h. Personen in negativer Stimmung scheinen hinsichtlich der Reaktionslatenz tendenziell stärker von der Handlungsintention zu profitieren. Darüber hinaus ist dem Ergebnis zu entnehmen, das die Unterschiede zwischen den Stimmungsbedingungen in der Handlungsintentionsbedingung vernachlässigbar sind, während sich die Stimmungsbedingung in der Zielintentionsbedingung polarisieren.

Abbildung 3.8: Reaktionslatenz in Abhängigkeit von Stimulusvariation

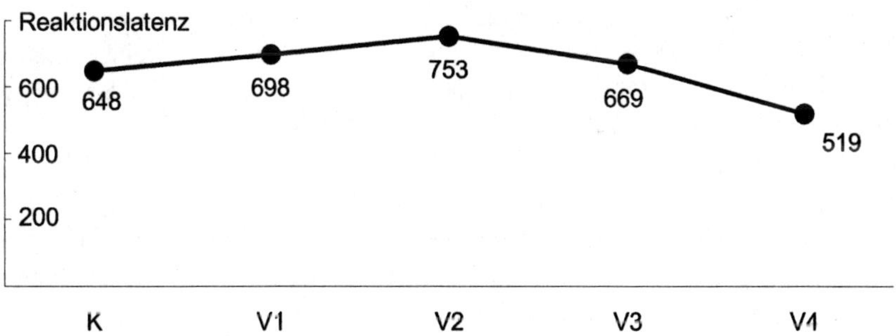

Anmerkung: Werte in Millisekunden. Standardabweichungen in Klammern. K = kritische Stimuli, V1 = Stimuli 1. Variation, V2 = Stimuli 2. Variation, V3 = Stimuli 3. Variation, V4 = Stimuli 4. Variation.

Tabelle 3.9: Reaktionslatenz über alle Stimulusvariationen in Abhängigkeit von Stimmung und Intention

	Zielintention	Handlungsintention
N	**777** (246)	**700** (238)
P	**536** (125)	**616** (135)

Anmerkung: Werte in Millisekunden. N = negative Stimmungsbedingung, P = positive Stimmungsbedingung. Standardabweichungen in Klammern.

Die Annahme, Personen in positiver Stimmung sollten bei kritischen Stimuli kürzere Reaktionszeiten benötigen als negativ gestimmte Personen, sollte auch für Stimuli gelten, die fälschlicherweise als kritische Stimuli wahrgenommen werden. Diese Annahme wurde mit einem Trendtest überprüft, bei dem die irrelevanten (völlig unähnlichen) Stimuli aus der Analyse ausgeschlossen wurden, da hier kein Unterschied erwartet wird. Die Analyse ergibt erwartungsgemäß einen hochsignifikanten linearen Trend der Variation der Stimuli ($F(1, 70) = 892.1$, $p < 0.001$). Darüber hinaus ergibt die Analyse eine marginal signifikante Interaktion des quadratischen Trends der Variation der Stimuli mit der Intention ($F(1, 68) = 2.4$, $p = 0.13$), sowie eine ebenfalls marginal signifikante Interaktion des linearen und quadratischen Trends mit der Stimmung (linear: $F(1, 68) = 2.6$, $p = 0.13$; quadratisch: $F(1, 68) = 2.4$, $p = 0.13$). Der Vergleich von positiv gestimmten Personen der Handlungsintention mit Personen anderer Bedingungen anhand eines Trendtests zeigt, dass positiv gestimmte Personen der Handlungsintentionsbedingung tatsächlich bei den mittleren Variationen tendenziell mehr Fehler machen als Personen der anderen Bedingungen (quadratischer Trend: $F(1, 70) = 3.2$, $p = 0.08$).

3.6.3 Diskussion

Die Ergebnisse der zweiten Untersuchung zeigen ein klares Muster auf. Positiv gestimmte Personen machen abhängig vom Gelegenheitsvorsatz mehr Fehler im herkömmlichen Sinne, indem sie häufiger fälschlicherweise auf Stimuli reagieren, die nicht kritisch sind. Dies wird am Einzelvergleich der beiden extremen

Stimulusvariationen wie auch an dem Vergleich über die verschiedenen Stimulusvariationen hinweg deutlich. Darüber hinaus machen Personen in positiver Stimmung, wenn die Situation der antizipierten Gelegenheit entspricht, also bei kritischen Stimuli, sogar tendenziell weniger Fehler als negativ gestimmte Personen. Was die Daten sehr deutlich zeigen, ist, dass Personen in positiver Stimmung demnach eher suboptimale Gelegenheiten für die Absichtsrealisierung nutzen als Personen in negativer Stimmung. Dies sollte aber nicht dazu führen, die Performanz in positiver Stimmung stets als schlecht zu beurteilen. Wie bereits erwähnt wurde, kann eine günstige Gelegenheit häufig nicht genau so antizipiert werden, wie sie sich später tatsächlich ergibt. Ein zu strenger Maßstab bei der Beurteilung der Günstigkeit von Gelegenheiten hinsichtlich der Realisierung bestimmter Absichten würde dazu führen, dass viele Absichten nicht realisiert werden könnten. Der Einfluss positiver Stimmung ist also nicht grundsätzlich dysfunktional.

Während die Befunde bezüglich des Anteils der Zielhandlungen sehr klar für die formulierten Annahmen sprechen, sind die Reaktionslatenzen sehr viel schwieriger zu interpretieren. Klar scheint, dass die Reaktionslatenzen auf unterschiedliche Schwierigkeitsgrade der einzelnen Stimulusvariationen hindeuten (Neisser, 1974). Die marginal signifikante Interaktion von Stimmung und Intention ist wie das Muster der Mittelwerte unerwartet. Danach scheint es so zu sein, dass eine Zielintention bezüglich der Reaktionslatenz polarisierend wirkt, während eine Handlungsintention Unterschiede zwischen den Stimmungsbedingungen reduziert. Dabei sind Personen in positiver Stimmung generell schneller als Personen in negativer Stimmung, machen allerdings auch meist mehr Fehler. Im Sinne der vorangegangen Überlegungen ließe sich argumentieren, dass die aus positiver Stimmung resultierende höhere Gewissheit über die Situationsdefinition einen generellen entlastenden Effekt hat, der auch bei irrelevanten Stimuli zu geringeren Reaktionslatenzen führt. Dass allerdings Personen mit einer Zielintention in positiver Stimmung am schnellsten die Diskriminationsaufgabe bewältigen, ist damit nicht zu erklären. Interessant wäre hier der Vergleich mit einer Kontrollbedingung. Diese lässt sich im Rahmen des gewählten experimentellen Paradigmas jedoch nicht implementieren. Nach Heckhausen und Gollwitzer (1987) ist für eine Handlung mindestens eine Zielintention notwendig. Malzacher (1992) z.B. konnte eine sinnvolle Kontrollbedingung nur deshalb in ihren Versuchsplan aufnehmen, da sie die Probanden mit einer Aufgabe betraute, die unabhängig von der untersuchten Intention war und Malzacher die Effekte mittelbar über die Interferenz testete (s. Kap. 3.4.1.).

Ein weiterer überraschender Befund ist das Ergebnis, dass sich die Stimmung der Probanden beider Stimmungsbedingungen im Laufe des Experiments verbessert hat. Möglicherweise deutet dieser Umstand darauf hin, dass den Versuchspersonen die Aufgabe nicht so unwichtig war, dass die Zielerreichung der damit verbundenen Absicht nicht als positiv erlebt wurde. Vielleicht hängt dieses Ergebnis allerdings auch nur mit der Eigenart der Stimmungsinduktion zusammen, da die Manipulation mittels Musik nahezu über den gesamten Versuchszeitraum andauerte.

3.7 Untersuchung 3: Stimmung und Vorsatz

Grundlegend für die vorige Untersuchung waren neben der Variation der Stimmung die Unterscheidung zwischen Handlungsintention und Zielintention. Personen beider Bedingungen sollten sich das Ziel setzen, möglichst viele Punkte zu sammeln. Die Personen der Vornahmebedingung hatten zusätzlich die Möglichkeit, sich zu überlegen, wie sie den Ablauf des Spiels festlegen, um dieses Ziel zu erreichen. Gegen ein solches Vorgehen mögen zwei Aspekte angeführt werden, die für eine mangelnde externe Validität sprechen. Zum einen erscheint die Planung der Handlung sehr reduziert. Diesem Einwand lässt sich mit dem Hinweis begegnen, dass der Alltag reich an Situationen ist, die nur eine geringe Handlungsplanung zulassen. So sind zum Beispiel die Möglichkeiten vom Büro zur Cafeteria zu gehen, realiter durch die Zahl der Treppenaufgänge und Fahrstühle sehr reduziert. Ein weiterer Einwand könnte lauten, dass den Versuchspersonen das Ziel vorgegeben wurde, d.h. das Ziel nicht aus einem eigenen Wunsch der Versuchspersonen abgeleitet ist. Tatsächlich ist davon auszugehen, dass die relevante Volitionsstärke nicht sehr ausgeprägt ist. Das sollte aber andererseits nicht zu einer progressiven Entscheidung zugunsten der Annahme führen, positiv gestimmte Personen verwendeten eher die Intention als Information, sondern allenfalls eine Bestätigung erschweren. Ein vorgegebenes Ziel, so mag weiter argumentiert werden, hätte eine andere Qualität als ein selbst gesetztes Ziel und würde darum auch andere Effekte nach sich ziehen.

Die folgende Untersuchung wird indes zeigen, dass zwischen den angesprochenen Zielen kein qualitativer Unterschied besteht. In beiden Fällen können die Ziele aktiviert werden und Teil der Situationsdefinition werden, was wiederum bedeutet, dass die damit verknüpften Informationen unter bestimmten Bedingungen für die Urteilsbildung genutzt werden. Wie bereits dargelegt wurde, ist einer dieser Bedingungsfaktoren die Stimmung. So lautet die Annahme auch hier, dass positiv gestimmte Personen die Intention als Information eher nutzen als Personen in negativer Stimmung.

3.7.1 Methode

Die dritte Untersuchung gleicht im methodischen Aufbau in weiten Teilen der ersten Studie. Der Kern der dritten Studie ist also eine Rekognitionsaufgabe, in der die Versuchspersonen entscheiden sollen, ob ein präsentierter Begriff in einer vorigen Darbietung enthalten war oder nicht. In drei wichtigen Punkten weicht die folgende Studie jedoch von der ersten Studie ab. Zunächst steht im Mittelpunkt der Studie keine globale Wissensstruktur, sondern ein individuelles Ziel. Als solches wurde der Aufbau bzw. der Erhalt einer Partnerbeziehung gewählt. Hierfür wurden 14 Begriffe zusammengetragen, die in einem Zusammenhang mit dem Begriff der Beziehung stehen (kritische Begriffe wie z.B. Leidenschaft, Vertrauen) und weitere 18 Begriffe, die in keinem derartigen Zusammenhang stehen (irrelevante Begriffe wie z.B. Material, Struktur). Acht der kritischen Begriffen wurden mit 12 irrelevanten Begriffen in unterschiedlicher Schriftfarbe den Versuchspersonen mit der Instruktion dargeboten, auf die Farbe der Begriffe mit einer bestimmten Taste zu reagieren (s. Studie 1). Die Rekognitionsaufgabe bestand aus 36 Begriffen, von denen 12 kritisch und 24 irrelevant waren. Jeweils die Hälfte dieser Begriffe wurde in der ersten Darbietung präsentiert. Das heißt, es wurden im Vergleich zur ersten Studie im Dienste eines sparsamen Versuchsplans keine atypischen Begriffe verwendet, die ohnehin nur wenig weitere Informationen liefern. Als Kriterium zur Unterscheidung der Versuchspersonen bezüglich dieses Ziels dient die am Ende der Untersuchung erhobene Frage, wie wichtig den Versuchspersonen eine Beziehung ist. Aus der Ausprägung dieses (potenziellen) Ziels wurde abgeleitet, wie groß die Wahrscheinlichkeit ist, dass die Versuchspersonen Vorsätze für die Erreichung des Ziels haben oder nicht.

Die nächste Änderung bezieht sich auf den Zeitpunkt der Stimmungsinduktion. In der Diskussion zur ersten Studie wurde kritisiert, dass Stimmung mit der Information selbst konfundiert ist, da die Stimmungsinduktion die Inhalte des globalen Wissens verändert haben könnte. In dieser Studie wird die Stimmungsinduktion darum nach der ersten Darbietung der Stimuli durchgeführt. Diese Änderung bringt auch die dritte wichtige Änderung mit sich, da die Betrachtung eines Videos oder das Anhören eines Musiktitels zur Stimmungsmanipulation den Versuchsablauf für die Versuchspersonen unverständlich unterbrochen hätte. Aus diesem Grund wurde den Versuchspersonen eine falsche Leistungsrückmeldung über die vermeintlich erste Aufgabe gegeben (die Reaktion auf die unterschiedlichen Schriftfarben der Begriffe). Positive Stimmung wurde durch die Rückmeldung einer sehr guten Leistung realisiert („klar überdurchschnittlich"), negative Stimmung durch die Rückmeldung einer schlechten Leistung („eher durchschnittlich"). Die Manipulationskontrolle der Stimmungsinduktion wurde wie in der vorangegangenen Untersuchung mit einem siebenstufigen Item erfasst, das die Zustimmung zu der Frage, wie sich die Versuchsperson im Augenblick fühlt, wiedergibt. Damit kommt es zu dem in Tabelle 3.10 dargestellten Versuchsablauf.

Tabelle 3.10: Versuchsablauf von Untersuchung 3

1. Einführung
2. Darbietung der Stimuli
3. Stimmungsmanipulation
4. Manipulationskontrolle t_1
5. Ablenkungsaufgabe
6. Rekognitionsaufgabe
7. Manipulationskontrolle t_2
8. standarddemographische Daten

Aus den vorigen Schilderungen ergibt sich ein 2 x 2 x 2 x 2 – faktorielles Vesuchsdesign. Zunächst wird die Stimmung wie bisher zweifach variiert. Der zweite Faktor unterscheidet zwischen Personen mit ausgeprägtem Ziel, eine Partnerschaft aufzubauen bzw. zu erhalten und Personen mit einem wenig ausgeprägten derartigen Ziel. Der dritte Faktor und vierte Faktor schließlich beziehen sich auf die Art der Stimuli, zum einen, ob diese entweder kritisch oder irrelevant in Bezug auf das Ziel „Partnerbeziehung" sind und zum anderen, ob die Items zuvor präsentiert wurden oder nicht. Die letzten beiden Faktoren wurden wieder als Innersubjektfaktoren realisiert. Als abhängige Variablen dienen der Fehleranteil der Antworten und die Reaktionslatenz der Antworten. Auch in dieser Studie sollte der Vorsatz einen Effekt auf die Wiedererkennungsleistung haben. Positiv gestimmte Personen, denen eine Beziehung wichtig ist (also eher Vorsätze für die Erreichung des Ziels haben) sollten bei Begriffen, die in Bezug zum Ziel stehen, abhängig davon, ob die Begriffe bereits präsentiert wurden oder nicht mehr oder weniger Fehler machen als negativ gestimmte Personen und positiv gestimmte Personen, denen eine Beziehung weniger wichtig ist (also weniger wahrscheinlich Vorsätze für die Erreichung des Ziels haben). Die Vorhersage der Stimmungseffekte in Bezug auf die Reaktionslatenz ergibt ein einfacheres Muster. Durch die automatische Kopplung von Situation und Handlung sollte der Vorsatz mit der Bearbeitung der aktuellen Aufgabe (der Rekognition) interferieren, weshalb die Latenz der Reaktionen auf kritische Begriffe bei Personen, denen eine Beziehung wichtig ist, höher ausfallen sollte als die Latenz der Reaktionen auf irrelevante Begriffe. Dieser Effekt sollte besonders ausgeprägt bei positiv gestimmten Personen sein.

Versuchspersonen waren 33 männliche und 35 weibliche Studierende der Universität Erlangen-Nürnberg. Die Versuchspersonen wurden zufällig der positiven oder negativen Stimmungsbedingung zugeordnet. Die Probanden nahmen entweder einzeln oder in einer Zweiergruppe an der Untersuchung teil.

3.7.2 Ergebnisse

Wie Tabelle 3.11 zeigt, ergibt die Manipulationskontrolle der Stimmungsinduktion zu beiden Messzeitpunkten Unterschiede der Mittelwerte in der erwarteten Richtung. Die Unterschiede sind sowohl beim ersten Messzeitpunkt (5.12 vs. 3.91; $t(66) = 3.5$, $p < 0.01$) als auch beim zweiten Messzeitpunkt (4.76 vs. 3.94; $t(66) = 2.5$, $p < 0.05$) signifikant.

Auch hier zeigt sich wie in der ersten Studie, dass sich die Stimmung der Personen beider Stimmungsbedingungen im Lauf der Untersuchung unterschiedlich verändert. Zunächst zeigt eine Messwiederholungsanalyse mit den beiden Messzeitpunkten als Messwiederholungsfaktor und der Stimmung als Zwischengruppen-Faktor einen marginal signifikanten Haupteffekt der Veränderung der Stimmung ($F(1, 66) = 2.6$, $p = 0.11$). Darüber hinaus zeigt die Analyse einen nahezu signifikanten Interaktionseffekt der beiden Faktoren ($F(1, 66) = 3.5$, $p = 0.06$).

Tabelle 3.11: Manipulationskontrolle t_1 und t_2

	Messzeitpunkt t_1	Messzeitpunkt t_2
N	**3.91** (1.34)	**3.94** (1.33)
P	**5.12** (1.52)	**4.76** (1.41)

Anmerkung: N = negative Stimmungsbedingung, P = positive Stimmungsbedingung. Standardabweichung in Klammern.

Die Dichotomisierung der Variable „Wichtigkeit des Ziels“ wurde anhand des arithmetischen Mittels durchgeführt, indem alle Personen, die über dem Mittel liegen und alle Personen, die unter dem Mittel liegen, jeweils zu einer Gruppe zusammengefasst wurden. Eine Dichotomisierung anhand des Medians war aufgrund der Häufigkeitsverteilung der Variable nicht sinnvoll. Durch die vorgenommene Dichotomisierung ergeben sich ungleiche Gruppengrößen, die aber hier kein Problem bei der Analyse darstellen (Bortz, 1993).

Zunächst soll der Fehleranteil der Antworten als abhängige Variable betrachtet werden. Hierfür wurde eine Messwiederholungsanalyse mit allen Faktoren durchgeführt. Wie in Tabelle 3.12 gut zu erkennen ist, werden unabhängig von weiteren Faktoren bei neuen Stimuli mehr Fehler gemacht als bei Stimuli, die zuvor bereits präsentiert wurden ($F(1, 66) = 25.9$, $p < 0.001$). Desgleichen werden bei kritischen Stimuli entgegen den Erwartungen generell weniger Fehler gemacht als bei irrelevanten Stimuli ($F(1, 66) = 37.3$, $p < 0.001$). Der Faktor „Bezug zum Ziel" steht zugleich in einer Wechselwirkung mit der Stimmung ($F(1, 66) = 4.9$, $p < 0.05$; s. Tab. 3.13). Ein signifikanter Haupteffekt der Stimmung zeigt sich dagegen wie erwartet nicht ($F(1, 66) = 2.2$, $p = 0.14$). Auch der Faktor bezüglich der Wichtigkeit des Ziels führt zu keinem signifikantem Haupteffekt ($F < 1$).

Tabelle 3.12: Fehleranteil der Antworten in Abhängigkeit von Stimmung, Wichtigkeit des Ziels, Darbietung und Bezug zum Ziel

	Ziel weniger wichtig				Ziel wichtig			
	präsentiert		nicht präsentiert		präsentiert		nicht präsentiert	
	K	I	K	I	K	I	K	I
N	**0.54**	**0.46**	**0.54**	**0.83**	**0.58**	**0.47**	**0.51**	**0.77**
	(0.36)	(0.23)	(0.30)	(0.17)	(0.23)	(0.23)	(0.21)	(0.16)
P	**0.43**	**0.55**	**0.43**	**0.77**	**0.33**	**0.44**	**0.66**	**0.83**
	(0.18)	(0.19)	(0.25)	(0.19)	(0.22)	(0.18)	(0.23)	(0.18)

Anmerkung: N = negative Stimmungsbedingung, P = positive Stimmungsbedingung. K = kritische Stimuli, I = irrelevante Stimuli. Standardabweichungen in Klammern. Die Variable „Fehleranteil der Antworten" gibt den Anteil der Fehler an den maximal möglichen Antworten wieder.

In einer hochsignifikanten Interaktion stehen die Faktoren Darbietung und Bezug zum Ziel ($F(1,64) = 25.9$, $p < 0.001$). Wie Tabelle 3.14 sehr gut erkennen lässt, geht dieser Effekt allerdings auf eine Bedingung zurück. In Tabelle 3.15 zeigen sich die bekannten hohen Fehlerraten bei irrelevanten nicht präsentierten

Stimuli. Augenfällig ist auch die niedrige Fehlerrate positiv gestimmter Personen bei kritischen präsentierten Stimuli, die für die Annahme spricht, dass Personen in positiver Stimmung unter bestimmten Bedingungen weniger Fehler machen als Personen in negativer Stimmung.

Tabelle 3.13: Fehleranteil der Antworten in Abhängigkeit von Stimmung und Bezug zum Ziel

	kritische Stimuli	irrelevante Stimuli
N	**0.54** (0.12)	**0.63** (0.12)
P	**0.47** (0.13)	**0.65** (0.12)

Anmerkung: N = negative Stimmungsbedingung, P = positive Stimmungs-bedingung. Standardabweichungen in Klammern. Die Variable „Fehleranteil der Antworten" gibt den Anteil der Fehler an den maximal möglichen Antworten wieder.

Tabelle 3.14: Fehleranteil der Antworten in Abhängigkeit von Darbietung und Bezug zum Ziel

	kritische Stimuli	irrelevante Stimuli
präsentiert	**0.47** (0.27)	**0.47** (0.21)
nicht präsentiert	**0.53** (0.25)	**0.80** (0.17)

Anmerkung: Standardabweichung in Klammern. Die Variable „Fehleranteil der Antworten" gibt den Anteil der Fehler an den maximal möglichen Antworten wieder.

Tabelle 3.15: Fehleranteil der Antworten in Abhängigkeit von Stimmung, Darbietung und Bezug zum Ziel

	Stimuli			
	präsentiert		nicht präsentiert	
	kritisch	irrelevant	kritisch	irrelevant
N	**0.57** (0.29)	**0.46** (0.23)	**0.52** (0.25)	**0.80** (0.17)
P	**0.36** (0.21)	**0.48** (0.18)	**0.58** (0.26)	**0.81** (0.19)

Anmerkung: N = negative Stimmungsbedingung, P = positive Stimmungsbedingung. Standardabweichungen in Klammern. Die Variable „Fehleranteil der Antworten" gibt den Anteil der Fehler an den maximal möglichen Antworten wieder.

Aus der oben formulierten Annahme leiten sich drei Hypothesen ab. Zunächst wird vermutet, dass der Fehleranteil der Antworten bei irrelevanten Stimuli unabhängig von der Stimmung und der Wichtigkeit des Ziels ist. Diese Hypothese konnte bereits mit der obigen Analyse bestätigt werden. Zweitens wird vermutet, dass Personen in positiver Stimmung bei kritischen präsentierten Stimuli weniger Fehler machen, wenn ihnen das Ziel, eine Partnerbeziehung aufzubauen bzw. zu erhalten wichtig ist, als Personen in negativer Stimmung oder Personen in positiver Stimmung, denen das Ziel nicht wichtig ist. Es wird also ein signifikanter Kontrast zwischen einer Faktorstufenkombination und dem Mittel der verbleibenden Faktorstufenkombinationen vorhergesagt. Tatsächlich ist dieser Kontrast hochsignifikant in der erwarteten Richtung (0.33 vs. 0.53; $t(66) = -3.1$, $p < 0.005$), positiv gestimmte Personen machen also hier weniger Fehler als Personen in positiver Stimmung.

Die dritte Ableitung aus der oben formulierten Annahme bezieht sich auf nicht präsentierte Stimuli. Hier führt die Verwendung der Information des Vorsatzes zu Fehlern, weshalb erwartet wird, dass Personen in positiver Stimmung bei kritischen nicht präsentierten Stimuli mehr Fehler machen, wenn ihnen das Ziel eine Partnerbeziehung aufzubauen bzw. zu erhalten wichtig ist, als Personen in negativer Stimmung oder Personen in positiver Stimmung, denen das Ziel nicht wichtig ist. Auch hier wird wieder ein signifikanter Kontrast zwischen einer Faktorstufenkombination und dem Mittel der verbleibenden Faktorstufenkombinationen vorhergesagt. Wie bereits der vorige Kontrast, zeigt dieser Einzelvergleich einen signifikanten Unterschied in der erwarteten Richtung (0.66 vs. 0.50; $t(66) = 2.5$, $p < 0.05$).

Danach machen positiv gestimmte Personen bei nicht präsentierten kritischen Stimuli mehr Fehler, wenn ihnen das entsprechende Ziel wichtig ist. Die Mittelwerte scheinen darüber hinaus anzudeuten, dass Personen in positiver Stimmung, denen das Ziel weniger wichtig ist, weniger Fehler machen als Personen in negativer Stimmung. Entsprechende Einzelvergleiche zeigen indes, dass hier keine signifikanten Unterschiede bestehen (beide $t < 1$).

Die formulierte Annahme bezüglich der Reaktionslatenz hat zwei Aspekte. Erstens sollten Personen, denen das Ziel, eine Partnerbeziehung aufzubauen bzw. zu erhalten wichtig ist, bei kritischen Stimuli generell länger für die Reaktion benötigen als bei irrelevanten Stimuli oder als Personen, denen das Ziel weniger wichtig ist. Auch diese Hypothese formuliert einen Einzelvergleich zwischen einer Faktorstufenkombination und dem Mittel der verbliebenen Kombinationen. Zweitens sollte dieser Effekt bei Personen in positiver Stimmung besonders ausgeprägt sein. Bei irrelevanten Stimuli sollte es dagegen keine Unterschiede geben. Insgesamt sollte die Darbietung demnach keinen Effekt haben.

Tabelle 3.16: Reaktionslatenzen in Abhängigkeit von Stimmung, Wichtigkeit des Ziels, Darbietung und Bezug zum Ziel

	Ziel weniger wichtig				Ziel wichtig			
	präsentiert		nicht präsentiert		präsentiert		nicht präsentiert	
	K	I	K	I	K	I	K	I
N	**948**	**1328**	**1153**	**916**	**1411**	**1242**	**1387**	**997**
	(374)	(446)	(281)	(228)	(702)	(349)	(267)	(262)
P	**999**	**1051**	**1153**	**864**	**1082**	**1418**	**1629**	**1080**
	(346)	(309)	(281)	(162)	(284)	(385)	(674)	(261)

Anmerkung: Werte in Millisekunden. N = negative Stimmungsbedingung, P = positive Stimmungsbedingung. K = kritische Stimuli, I = irrelevante Stimuli. Standardabweichungen in Klammern.

Wie eine Messwiederholungsanalyse zeigt, erscheint die letzte Annahme, die Darbietung habe keinen Einfluss auf die Reaktionslatenz, durch eine Interaktion des Faktors „Darbietung“ mit dem Faktor „Bezug zum Ziel“ sehr kritisch ($F(1,64) = 21.3$, $p < 0.001$), obwohl der Faktor „Darbietung“ zu keinem Haupteffekt führt ($F < 1$). Die Messwiederholungsanalyse zeigt auch, dass Stimuli, die in Bezug zum erörterten Ziel stehen, generell längere Reaktionslatenzen bedingen (1242ms vs. 1087ms; $F(1, 66) = 10.3$, $p < 0.005$).

Der erste Aspekt wäre prinzipiell, wie erwähnt, durch einen Kontrast zu belegen, allerdings stellt sich hier das Problem, dass die beiden Faktoren unterschiedlicher Art sind. Einmal handelt es sich bei der Wichtigkeit um einen Zwischensubjektfaktor und einmal handelt es sich bei dem Bezug zum Ziel um einen Innersubjektfaktor. Der Aspekt wird deshalb mit drei einzelnen Kontrasten überprüft. Bei allen drei Einzelvergleichen (1: $t(66) = -2.4$, $p < 0.05$; 2: ($t(66) = 3.6$, $p < 0.005$; 3: $t(41) = 2.7$, $p < 0.01$) ergeben sich signifikante Unterschiede der Mittelwerte (s. Tab. 3.17), so dass angenommen werden kann, dass die benötigte Reaktionszeit von Personen, denen das Ziel, eine Partnerbeziehung aufzubauen bzw. zu erhalten wichtig ist, bei kritischen Stimuli tatsächlich geringer ist als bei Personen, denen das Ziel weniger wichtig ist.

Der zweite Aspekt, der einen unterschiedlich starken derartigen Effekt zwischen den Stimmungsbedingungen postuliert, kann dagegen nicht bestätigt werden. Eine Interaktion der beiden gebildeten Einzelpaare des obigen Kontrast mit der Stimmung ist nicht signifikant ($F < 1$). Einzelne Paarvergleiche zeigen überdies keine signifikanten Unterschiede zwischen den Stimmungsbedingungen (alle $t < 1$, s. Tab. 3.18).

Tabelle 3.17: durchgeführte Einzelvergleiche zum Zusammenhang von Wichtigkeit des Ziels und Bezug zum Ziel

$M_i - M_j$	M_i	M_j	
(1) M1-M2	**1107** (296)	**1377** (516)	$t(66) = -2.4$, $p < 0.05$
(2) M2-M3	**1377** (516)	**1185** (295)	$t(66) = 2.7$, $p < 0.01$
(3) M2-M4	**990** (213)	**1377** (516)	$t(66) = 3.6$, $p < 0.005$

Anmerkung: Werte in Millisekunden. Standardabweichungen in Klammern.

Tabelle 3.18: Reaktionslatenz in Abhängigkeit von Stimmung, Wichtigkeit des Ziels und Bezug zum Ziel

	Ziel weniger wichtig		Ziel wichtig	
	K	I	K	I
N	**1138** (332)	**1023** (235)	**1399** (632)	**1120** (277)
P	**1076** (258)	**957** (189)	**1355** (351)	**1249** (305)

Anmerkung: Werte in Millisekunden. N = negative Stimmungsbedingung, P = positive Stimmungsbedingung. Standardabweichungen in Klammern. K = kritische Stimuli, I = irrelevante Stimuli. Standardabweichungen in Klammern.

3.7.3 Diskussion

Die Ergebnisse der dritten Studie unterstützen eindeutig die Ergebnisse der vorangegangen Untersuchung. Dies zeigt sich nicht nur daran, dass irrelevante Stimuli keinen Effekt zwischen den Stimmungsbedingungen hervorrufen und Personen in positiver Stimmung bei kritischen und nicht präsentierten mehr Fehler machen, sondern auch daran, dass positiv gestimmte Personen unter bestimmten Bedingungen sogar weniger Fehler machen als Personen in negativer Stimmung. Personen in positiver Stimmung verwenden demnach nicht nur eher globales Wissen, sondern auch eher die Informationen von Intentionen. Die Reaktionslatenz spiegelt zwar keinen Effekt der Stimmung wider, zeigt aber bei Personen mit ausgeprägtem Ziel, eine Partnerbeziehung aufzubauen bzw. zu erhalten, dass der Bezug zum Ziel die Reaktion in der vorhergesagten Richtung beeinflusst.

Angreifbar ist selbstverständlich das Kriterium der Dichotomisierung hinsichtlich der Wahrscheinlichkeit, Vorsätze formuliert zu haben. Erstens wurde lediglich ein Item für die Erfassung der Wichtigkeit des Ziel verwendet. Zweitens wurde das Item am Ende der Untersuchung erhoben, was bedeuten könnte, dass sich die Wichtigkeit einer Partnerbeziehung für die Versuchspersonen durch die Konfrontation mit den kritischen Stimuli verändert haben könnte. Andererseits ist nicht zu vermuten, dass ein solcher möglicher Effekt systematisch eine bestimmte Personengruppe betrifft, sondern vielmehr, dass es unter Umständen eine generelle Präferenzverschiebung gab. Gegenüber dieser Verschiebung ist die vorgenommene Dichotomisierung jedoch invariant. Auch die Messung des theoretischen Konstrukts, nämlich der Wahrscheinlichkeit der Formulierung relevanter Vorsätze, mit der erhobenen Wichtigkeit kann natürlich kritisiert werden, schließlich bedeutet eine höhere Wichtigkeit nicht zwangsläufig auch die Formulierung von Vorsätzen. Nach Gollwitzer (1993) ist vielmehr das Verhältnis der Wichtigkeit zu anderen Zielen entscheidend für die Formulierung von Vorsätzen. Dennoch geht insgesamt eine höhere Wichtigkeit mit einer höheren Wahrscheinlichkeit der Formulierung jener Vorsätze einher. Die Überprüfung der Annahmen kann demnach eher als konservativ bezeichnet werden.

Die Betrachtung des Stimulusmaterials macht einen weiteren Gesichtspunkt, der der Diskussion würdig ist, deutlich. Der Bezug einzelner Stimuli zum Ziel, eine Partnerbeziehung aufzubauen bzw. zu erhalten bedeutet in dieser Studie immer auch den Bezug zum Schema „Partnerbeziehung". Dieser Zusammenhang lässt sich nicht umgehen, da die experimentelle Verwendung eines Zieles es notwendig macht, dass dieses Ziel (in der untersuchten Population) bekannt ist. Die verwendeten Informationen dieser Studie stellen demnach strenggenommen eine Kombination aus globalem Wissen und Intentionen dar. Die Befunde, dass Fehleranteile der Antworten wie auch Reaktionslatenzen der Antworten abhängig von der Wichtigkeit des Ziel sind, sind mit der (unterschiedlichen) Verwendung von Schemata allein allerdings nicht zu erklären.

Die dritte Untersuchung konnte die Ergebnisse der zweiten Untersuchung replizieren, d.h. der Zeitpunkt der Stimmungsinduktion ist nicht in dem Sinne oder Ausmaß kritisch ist, wie er in der ersten Studie diskutiert wurde. Die Ergebnisse dieser Studie können als Hinweis interpretiert werden, dass die in der ersten Untersuchung gefundenen Effekte nicht auf eine Veränderung des globalen Wissens zurückgehen, sondern tatsächlich auf die unterschiedliche Verwendung dieses Wissens. Darüber hinaus zeigt die Studie die erfolgreiche Stimmungsinduktion mittels einer falschen Rückmeldung. Hier zeigt sich, dass die Induktion guter Stimmung besser gelang als die Induktion schlechter Stimmung, was auch darauf zurückgeführt werden kann, dass die falsche Rückmeldung schlechter Leistung sehr moderat war („eher durchschnittlich"), was im Hinblick auf die Glaubwürdigkeit der Rückmeldung geboten erschien.

3.8 Untersuchung 4: Stimmung und Stabilität der Situationsdefinition

Die bisherigen Untersuchungen haben eines gemeinsam: Der Einfluss der Stimmung war stets über die Verwendung der Informationen der Situationsdefinition vermittelt. So wurde gezeigt, dass Personen in positiver Stimmung in größerem Ausmaß globale Wissensstrukturen und Intentionen als Informationen verwenden. Die zentrale Annahme der vorliegenden Arbeit lässt jedoch einen weiteren Einfluss der Stimmung zu. Bisher wurde argumentiert, dass Inhalte der Situationsdefinition unmittelbar zur Situationsbewältigung herangezogen werden, da die Stimmung die Gewissheit über die Angemessenheit der Situationsdefinition beeinflusst. Wenn Stimmung die Situationsdefinition derartig beeinflusst, bedeutet das auch, dass Stimmung die Stabilität der Situationsdefinition beeinflusst. Positive Stimmung sollte demnach auch dazu führen, dass die Situationsdefinition länger Gültigkeit hat, d.h. auch dann, wenn neue situative Randbedingungen nicht mehr der Situationsdefinition entsprechen. Die folgende Untersuchung dient der Überprüfung dieser Annahme.

Die bisherigen Untersuchungen gleichen sich aber auch über den soeben beschriebenen Aspekt hinaus in einer sehr grundsätzlichen Eigenschaft: Die Stimmung der Versuchspersonen wurde manipuliert. Das hat den Vorteil, dass die Versuchspersonen zufällig einzelnen Stimmungsbedingungen zugeordnet werden konnten. Die Wahrscheinlichkeit systematischer Fehler konnte so reduziert werden. Obgleich in den vorigen Untersuchungen verschiedene Methoden zur Stimmungsinduktion gewählt wurden, ist ein solches Vorgehen jedoch mancherorts auch dem Vorwurf ausgesetzt, unrealistische Bedingungen zu schaffen, die sich fern akzeptabler externer Validität bewegen. Ein Argument, das häufig genannt wird, ist, dass die Qualität der Stimmung in solchen Experimenten eine andere sei als im Feld (Ingram & Reed, 1986). Die manipulierte Stimmung an sich sei also unrealistisch, da sie zum Beispiel nicht mit physiologischen Änderungen einhergeht (Ingram, 1989; vgl. Morris, 1992). Das Argument spricht allerdings lediglich gegen die Stärke der manipulierten Stimmung und nicht gegen die Validität der Stimmung per se. Die geringfügige Ausprägung der manipulierten Stimmung führt in der Regel nur zu einem konservativen Test. Ebenso lässt sich dem Vorwurf begegnen, die Manipulation der Stimmung sei zu kurzfristig und würde daher keine Effekte in den abhängigen Variablen produzieren (was von der Empirie deutlich widerlegt wird). Trotz dieser wenig überzeugenden (und seltenen) Argumentation, dient die vierte Untersuchung zur Demonstration der Robustheit des Stimmungseffektes.

Neben dieser Demonstration anhand nicht manipulierter, „natürlich“ variierender Stimmung dient die folgende Studie der Verwirklichung eines weiteren Ziels. Während die ersten Untersuchungen die Versuchspersonen mit sehr abstrakten Aufgaben konfrontierte, soll die folgende Studie einen höheren Grad an experimentellem Realismus herstellen, um *„den Grad der Künstlichkeit in den Antworten der Versuchspersonen“* (Crano & Brewer, 1975, S. 68) zu verringern.

Das Ziel der Überprüfung der Stabilität wie auch der Robustheit des Effekts lassen sich gut mit einer Thematik realisieren, wie sie insbesondere in der stärker angewandten Forschung diskutiert wird. Die nächsten Ausführungen stellen einen kurzen Abriss dieser Thematik dar. Im dann nachfolgenden Kapitel wird erörtert, inwiefern die Situationsdefinition und mit ihr die Stimmung in Bezug auf die Thematik Unterschiede im Verhalten erklären können. Abschließend soll eine Untersuchung die vorangegangenen Überlegungen illustrieren und untermauern.

3.8.1 Eskalierendes Commitment

Nicht immer, wenn wir mit neuen Informationen konfrontiert werden, ändern wir unser Verhalten und die ihm zugrunde liegende Einstellung, oder, wie Ach (1905, 1935) gesagt hätte, die ihm zugrunde liegende determinierende Tendenz. Ich beabsichtige, die Beziehung zur Geliebten trotz der verletzenden Äußerung weiterzuführen. Ich beabsichtige, auch weiterhin Konzerte der Rolling Stones zu besuchen, auch wenn während ihrer Tournee Gitarrensoli vom Band eingespielt werden. Und ich beabsichtige, mich weiter in meinem Unternehmen zu engagieren, obschon mir ein anderer Arbeitgeber bessere Arbeitsbedingungen verspricht. Diese Beispiele illustrieren, dass es Faktoren gibt, die auf die Beibehaltung und Aufrechterhaltung von initiierten Abläufen wirken. Es sind Faktoren, die eine Bindung zwischen Absicht und Zielvorstellung beeinflussen, die wiederum als Widerstand Änderungen entgegenwirkt. Die angesprochene Bindung wird in der Sozialpsychologie als „Commitment“ bezeichnet oder, wie Irle (1975) es ausdrückt, als *„Ergebenheit in eine Handlung“*. Kuhl (1983) spricht in diesem Zusammenhang von Handlungskontrolle und meint damit die Fähigkeit, eine einmal gefasste Absicht gegen konkurrierende Handlungstendenzen abzuschirmen. Commitment scheint demnach nichts anderes als die volitionale Nachwirkung der Zielsetzung zu sein (Gollwitzer, 1993). So schreibt zum Beispiel Argyle (1990) im Hinblick auf soziale Beziehungen, Commitment sei *„die Absicht, die Beziehung fortzusetzen*" (S. 241). Seit einiger Zeit liegen bereits Befunde vor, die verschiedene Einflussfaktoren des Commitments isolieren (zum Überblick Staw, 1997). So ist Commitment zum Beispiel abhängig von bisher getätigten Investitionen und von der Anzahl möglicher Alternativen (Rusbult, 1980).

Commitment wird in der Psychologie vorwiegend mit positiven Effekten in Verbindung gebracht. Tatsächlich zeigen zum Beispiel Befunde aus der Organisationspsychologie, dass Commitment mit geringer Fluktuation (z.B. Somers & Birnbaum, 1999; Cohen, 1997; Somers, 1995) und höherem Job Involvement (z.B. Orpen, 1998; Mayer & Schoorman, 1998; Keller, 1997; Huselid & Day, 1991) einhergeht. Vergessen werden darf aber über diesen erfreulichen Effekten nicht die negative Seite von Commitment (Moser, 1998; Salancik, 1977). Selbstredend ist die Bewertung der Effekte von Commitment abhängig von der Bewertung der Absicht, die dem Commitment zugrunde liegt. Moser (1996) illustriert dies anschaulich anhand der verheerenden Folgen von Commitment bei dem Planer und Organisator des Holocausts Heinrich Himmler. Commitment kann aber auch unabhängig von der Bewertung der Absicht negative Effekte haben. Wenn die Geliebte nur noch verletzende Äußerungen von sich gibt und die einst beglückende Beziehung zur Qual wird. Wenn die Live-Konzerte der Rolling Stones zur Farce werden. Wenn die Arbeitsverhältnisse im Unternehmen eine erfolgreiche Arbeit unmöglich machen. Dann ist ein Festhalten an dem einmal eingeschlagenen Weg nicht mehr sinnvoll und eine Neuformulierung oder Aufgabe der Absicht ist notwendig.

Viele Befunde zeigen allerdings, dass diese Korrektur nicht immer gelingt und sogar zunehmend schwieriger wird (z.B. Staw & Ross, 1987). Es heißt, Commitment eskaliert (Staw, 1997). Verwandte Konzepte wie „Wartekonflikt" (Rubin & Brockner, 1975; Strube & Lott, 1984), „psychologische Falle" (Brockner & Rubin, 1985) oder „sunk-costs – Effekt" (Staw & Hoang, 1995) meinen meist nicht nur im Kern das gleiche: Es wird Aufwand für eine anscheinend aussichtslose Sache betrieben. ‚Aussichtslos', da während der Zielerreichung der Großteil der relevanten Informationen gegen weitere Anstrengungen spricht, die gefasste Absicht weiter zu verfolgen. ‚Anscheinend' aussichtslos, da es immer möglich ist, mit einer ausreichenden Persistenz das Ziel doch noch zu erreichen (dann allerdings vermutlich mit sehr hohem Aufwand und sehr hohen Opportunitätskosten). Hierin liegt ein Problem der Forschung zum eskalierenden Commitment. Kaum jemand würde behaupten, persistentes Verhalten nach der ersten ungünstigen Rückmeldung wäre bereits eine Eskalation. Aber wo liegt die Schwelle vom Commitment zum eskalierenden Commitment? Staw (1997) meint lapidar, die Frage sei bedeutungslos, da deutlich wäre, dass es eskalierendes Commitment gibt. Das Konzept des eskalierenden Commitments ist jedoch ohne Kriterium kaum zu rechtfertigen, da anderenfalls der zu erklärende Sachverhalt von hohem bis niedrigem Commitment voll umschrieben wird. Als Kriterium bleibt vorerst nur die subjektive Aussichtslosigkeit des Unterfangens. Auch wenn Aussichtslosigkeit objektiv betrachtet immer nur vorläufig ist und niemand mit letzter Sicherheit zu sagen vermag, dass ein weiteres Persistieren nicht doch noch zum angestrebten Ziel führt (vgl. Bazerman et al., 1982; McCain, 1986).

Gleichwohl die Bedeutung der Eskalation bereits einen Prozess voraussetzt, hat der prozesshafte Charakter des eskalierenden Commitments erst in den empirischen Untersuchungen der letzten Jahre eine Rolle gespielt. Davor wurde Eskalation vorwiegend durch eine einmalige Investitionsentscheidung nach negativer Rückmeldung gemessen. Staw (1981) und seine Mitarbeiter verwendeten zum Beispiel verschiedene Szenarien, in denen Versuchspersonen die Rolle eines leitenden Angestellten einnehmen, der über die Vergabe von Investitionsmitteln zu entscheiden hat. Nach der Zuteilung erhält die Versuchsperson Informationen über den Mißerfolg der Investition und soll eine zweite Entscheidung treffen. Die Höhe der zweiten Investition gilt dann als Maß des eskalierenden Commitments.

Inzwischen werden zunehmend Untersuchungen berichtet, in denen die Versuchspersonen nach mehrmaligen negativen Rückmeldungen jeweils (neue) Entscheidungen über die Vergabe von Investitionsmitteln treffen müssen (z.B. Brody & Lowe, 1995; Goltz, 1992; Simonson & Staw, 1992). Der damit erzielte Vorteil der Abbildung der Prozesshaftigkeit des eskalierenden Commitments hat jedoch zu keinen entscheidenden Neuerungen in der Theoriebildung beigetragen. Dies mag daran liegen, das die Abbildung der Prozesshaftigkeit mit großen methodischen Problemen erkauft wird. So können Aussagen über Personen, die über den gesamten Untersuchungszeitraum in ihrem Commitment eskalieren nur beschränkt gemacht werden (sog. Rechtszensur, s. Blossfeld, Hamerle & Mayer, 1986). Weiterhin ist eine Auswertung mit Ableitungen aus dem allgemeinen linearen Modell (wie z.B. Regressionsanalyse oder Varianzanalyse) kritisch zu beurteilen, da die Verteilung des Abbruchs weder empirisch noch theoretisch einer Normalverteilung entspricht.

Weshalb eskaliert Commitment? Woran liegt es, dass Menschen manchmal nicht von unerreichbaren Zielen und unrealisierbaren Absichten ablassen können? Obschon eine ganz Reihe von Faktoren und Erklärungen diskutiert werden (z.B. Staw, 1997; Schaubroeck & Williams, 1993a; Goltz, 1992; Bowen, 1987), herrschen zwei Erklärungen in der Literatur zum eskalierenden Commitment vor. Eine dissonanztheoretische Erklärung bezieht sich auf eine Tendenz zur Selbstrechtfertigung (Aronson, 1994; Goethals, 1992). Das eskalierende Commitment beruht danach auf dem Versuch, durch Persistieren kognitive Dissonanz zu reduzieren, die durch eine erfolglose Investition entstanden ist (Brockner, 1992; Schaubroeck & Williams, 1993b). Warum aber kognitive Dissonanz durch Persistenz und nicht zum Beispiel durch Negierung der Verantwortung oder ähnliches reduziert wird, kann nicht erklärt werden. Erfolgreicher könnte hier eine reaktanztheoretische Erklärung sein (Bowers, 1975).

Eine andere Erklärung basiert auf der Prospect-Theorie von Kahneman und Tversky (1979), nach der riskantes Verhalten vor allem in Verlustsituationen gezeigt wird. Nach Kahneman und Tversky sind Personen motiviert, durch riskante Entscheidungen einen sicheren Verlust, der hoch aversiv erlebt wird, zu vermeiden oder zu kompensieren, auch wenn dadurch das Risiko eingegangen wird, noch größere Verluste zu erleiden. Die negative Information über den Stand der Zielerreichung kommt im Rahmen dieser Erklärung der Verlustsituation im Sinne Kahnemans und Tverskys gleich, so dass dann eskalierendes Commitment den riskanten Versuch darstellt, einen sicheren Verlust zu vermeiden (Whyte, 1993; Bazerman, 1984; Bazerman et al., 1984). Allerdings weicht das Framing-Konzept von Kahneman und Tversky in einem wesentlichen Punkt vom Konzept des eskalierenden Commitments ab. Letzteres bildet immer einen Prozess ab, an dessen Beginn grundsätzlich ein positives erstrebenswertes Ziel steht, das erst im weiteren Verlauf durch negative Informationen in Frage gestellt wird (also einen negativen Frame erhält). Das Framing-Konzept setzt keinen Prozess voraus und die experimentellen Paradigmen konfrontieren die Versuchspersonen sofort mit dem negativen (und positiven) Frame, ohne dass die Versuchspersonen vorher eine Entscheidung getroffen haben, die mit der neuen Information in Frage gestellt wird. Das Framing-Konzept ist darum ungeeignet, die Befunde zum eskalierenden Commitment zu erklären, obgleich natürlich auch bei eskalierendem Commitment Framing-Effekte auftreten können (Brockner, Bazerman & Rubin, 1984, zit. n. Brockner & Rubin, 1985).

3.8.2 Stimmung und eskalierendes Commitment

Wie erörtert wurde, bezieht sich eskalierendes Commitment auf Absichten, bestimmte Ziele zu verwirklichen. Absichten wiederum sind, wie zuvor schon erläutert wurde, notwendiger Teil der Situationsdefinition. Damit kommt auch hier die zentrale Annahme der vorliegenden Arbeit zum Tragen: Indem Stimmung die Gewissheit über die Gültigkeit der Situationsdefinition beeinflusst, verändert sich mit der Stimmung das Ausmaß des eskalierenden Commitments. Im Gegensatz zu negativer Stimmung sollte positive Stimmung bewirken, dass die Gültigkeit der Situationsdefinition mit größerer Wahrscheinlichkeit auch dann noch unangezweifelt bleibt, wenn neue Informationen für eine andere Situationsdefinition sprechen. Anders ausgedrückt: Personen in positiver Stimmung bleiben auch dann ihren Absichten treu, wenn eine negative Rückmeldung eine Neuformulierung von Vorsätzen oder eine Beendigung des Zielerreichungsprozesses nahelegt. Zusammengefasst bedeutet das, Personen in positiver Stimmung sollten eher eskalieren als Personen in negativer Stimmung. Die Annahme steht im Einklang mit Befunden, die einen positiven Zusammenhang zwischen Stimmung und Persistenz aufzeigen (z.B. Dickerson et al., 1991; Kavanagh, 1987; Ridgeway & Waters, 1987). So bearbeiten Personen in positiver Stimmung zum Beispiel eine Aufgabe, in der sie Anagramme bilden sollen, länger und erfolgreicher (Kavanagh, 1987). Oder sie spielen selbst bei Verlusten länger an einem Spielautomaten (Dickerson et al., 1991).

Selbstverständlich lässt sich eskalierendes Commitment nicht nur auf die Wirkung verschiedener Stimmungen zurückführen. Vielmehr sollte die Gewissheit der Angemessenheit der Situationsdefinition auch hier von der Verfügbarkeit einzelner Schemata, der Motivation und der generellen Möglichkeit zur systematischen Durchdringung der Situation abhängig sein (s. Kap 3.1.1). Diese Faktoren werden hier aber zugunsten der Darstellung der Stimmungseffekte vernachlässigt.

Eine Untersuchung zur Überprüfung der oben formulierten Annahme muss grundsätzlich dreierlei leisten. Zunächst muss sie die Stimmung der Versuchspersonen erfassen, bevor die Probanden mit den neuen (überwiegend negativen) Informationen konfrontiert werden. Da diese Informationen auch Einfluss auf die Stimmung haben könnten, ist es angebracht, die Stimmung im Laufe der Untersuchung mehrere Male zu erheben. Besonders wichtig ist zum zweiten, dass die Untersuchung dem Prozess des eskalierenden Commitments gerecht wird. Die Versuchspersonen sollten daher mehrere Entscheidungen treffen können. Und drittens sollte die Untersuchung bei den Versuchspersonen eine bestimmte Absicht implementieren, um vergleichbare Ausgangsbedingungen für das eskalierende Commitment zu schaffen.

3.8.2.1 Methode

Umgesetzt wurden diese Anforderungen mit Hilfe eines computergestützten Rollenspiels, in dem die Versuchspersonen aufgefordert wurden, die Rolle eines Mentors einzunehmen. In der Verantwortung dieser Rolle liegt die Betreuung eines neuen Trainees. Weiterhin gehörte es auch zu der Aufgabe des Mentors, nach verschiedenen Etappen darüber zu entscheiden, ob das Traineeprogramm fortgesetzt oder abgebrochen wird. Ein Abbruch bedeutete wahlweise die Versetzung des Trainee innerhalb des Unternehmens oder die Kündigung. Indem auf die Kosten des Traineeprogrammes hingewiesen wurde, sollte die Investition in die Ausbildung salient gemacht werden, womit wiederum erwartete Mildetendenzen der (studentischen) Versuchspersonen verhindert oder zumindest abgeschwächt werden sollten.

Die Informationen erhielten die Versuchspersonen einzeln aufeinanderfolgend in Form eines Trainingsberichts mit vorgegebenen „eigenen" Bemerkungen sowie Notizen und Memos von Kollegen verschiedener Abteilungen. Nahezu alle Informationen bezogen sich auf das Verhalten und die Leistung des Trainees (s. Abb. 3.9). Lediglich die erste Information jedes Abschnittes bezog sich auf die Mentorentätigkeit im allgemeinen. Ein Abschnitt bestand damit aus sechs Informationen, von denen sich fünf unmittelbar auf den Trainee bezogen.

Abbildung 3.9: Beispiel eines Berichteintrags

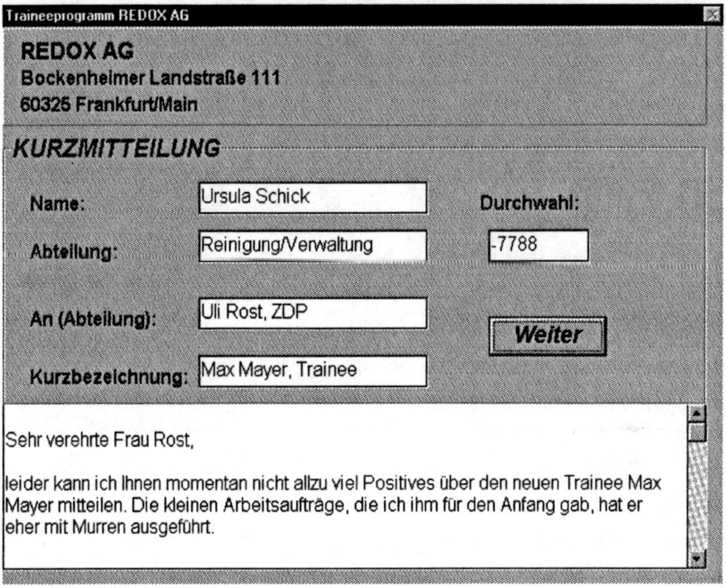

Nach jedem Abschnitt hatte die Versuchsperson über den Fortgang des Traineeprogramms zu befinden. Zusätzlich wurde dann mit einem Item die Einschätzung des Potenzials und die aktuelle Stimmung der Versuchsperson erhoben. Entschied sich die Versuchsperson für den Abbruch des Programms war das Rollenspiel beendet. Andernfalls wurden die Informationen des nächsten Abschnitts präsentiert. Am Ende wurden schließlich einige standarddemographische Daten erhoben. Vor der Präsentation des Trainingsberichts wählten die Probanden nach einer Einführung mit einer kurzen Beschreibung des Unternehmens scheinbar „ihren“ Trainee aus drei Personen anhand der Lebensläufe aus. Diese Wahl hatte keine Auswirkungen auf die Formulierungen der nachfolgenden Informationen, sie diente vielmehr der Festigung der Absicht, der Aufgabe des Mentors gerecht zu werden. Die vermeintliche Auswahl des Trainees ist also eine Verstärkung der Volition und ist damit ein Äquivalent zu der Wahl der Darbietungsgeschwindigkeit in Untersuchung 2 (s. Kap 3.4.1). In der Literatur zum eskalierenden Commitment wird eine solche Auswahl auch als hohe Verantwortlichkeit (für das eigene Tun) interpretiert (Staw et al., 1997; Bazerman et al., 1982; zum Begriff der Verantwortlichkeit s. Tetlock, 1985), die mit erhöhter Eskalation des Commitments einhergeht (z.B. Davis & Bobko, 1986;

Fox & Staw, 1979). Zusammenfassend kommt es zu folgendem, wie in Tabelle 3.19, dargestellten Versuchsablauf.

Tabelle 3.19: Versuchsablauf von Untersuchung 4

1. Einführung
2. vorgetäuschte Wahl des Trainees
3. Abfrage der Stimmung und Potenzialeinschätzung (t_0)
4. Informationen aus dem Trainingsbericht
5. Entscheidung „Traineeprogramm" (t_1-t_8)
6. Abfrage der Stimmung und Potenzialeinschätzung (t_1-t_8)
7. [bis t_8 je nach Entscheidung Wiederholung der Schritte 4.-6.]
8. standarddemographische Daten

Wie Tabelle 3.19 zeigt, wurde die Stimmung der Versuchspersonen bis zu neunmal erhoben (Messzeitpunkt t_0 bis t_8), ebenso wie deren Beurteilung des Potenzials des Trainees. Beide Variablen wurden zum ersten Mal vor der Präsentation der Informationen erfasst.

Versuchspersonen waren 80 Studierende der Friedrich-Alexander-Universität Erlangen-Nürnberg. Bis zu zwei Personen nahmen gleichzeitig an der Untersuchung teil. Die beiden PC-Arbeitsplätze waren durch eine Stellwand voneinander getrennt.

Zentrale abhängige Variable ist die sogenannte Überlebensfunktion (Hartmann, 1997). Dabei handelt es sich um eine Größe der Ereignisanalyse (Blossfeld, Hamerle & Mayer, 1986), die die Wahrscheinlichkeit angibt, dass ein Individuum (bzw. eine Gruppe von Individuen) ein Ereignis „erlebt". Hier ist das Ereignis „kein Abbruch des Traineeprogramms". Eine weitere Möglichkeit der Analyse ist der Test einer systematischen Stichprobenmortalität. Dabei wird mittels t-Test geprüft, ob zwischen den Personen, die zu einem bestimmten Zeitpunkt das Traineeprogramm abbrechen und jenen, die das Programm fortführen bereits zu Beginn (Messzeitpunkt t_0) Unterschiede bestanden. Eine weitere abhängige Variable ist der Zeitpunkt des Abbruchs des Traineeprogramms. Da die Variable jedoch nicht normalverteilt ist, können lediglich nichtparametrische Verfahren eingesetzt werden. Die Stimmung wie auch die Einschätzung des Potenzials des Trainees wurden mit siebenstufigen Items (sehr schlecht bis sehr gut) gemessen.

3.8.2.2 Ergebnisse

Erstmalig wurde in der Reihe der Studien dieser Arbeit die Stimmung der Versuchspersonen nicht manipuliert, sondern als unabhängige Variable gemessen. Besonders wichtig ist die Messung zum ersten Zeitpunkt. Hier zeigt sich, dass die Stimmung der Versuchspersonen Werten entspricht, wie sie üblicherweise bei experimentellen Manipulationen gefunden werden (Clore et al, 1994). Wie Abbildung 3.10 zeigt, verteilt sich die Stimmung der Versuchspersonen rechtsschief (Schiefe = -.27) mit einem Mittelwert von 5,1 und einer Standardabweichung von 1,32. Die Korrelation der Stimmung zum ersten Messzeitpunkt mit der Stimmung zum jeweils letzten Messzeitpunkt ist sehr hoch und hochsignifikant ($r = .60$, $p = .00$ bei zweiseitigem Test) und zeigt, dass die Stimmung über die unterschiedlichen Messzeitpunkte stabil bleibt. Für die ereignisanalytische Betrachtung wurde daher trotz der Stichprobenproblematik aufgrund der Mortalität aus dem Mittelwert der Variable Stimmung zum ersten und zum letzten Messzeitpunkt anhand des Medians ein dichotomer Faktor Stimmung mit den Ausprägungen hoch und niedrig gebildet.[5]

Abbildung 3.10: Verteilung der Variable „Stimmung" zum ersten Messzeitpunkt (t_0)

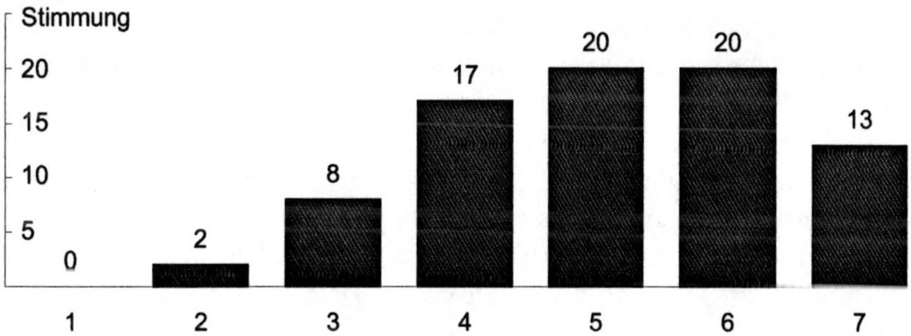

Anmerkungen: Die Zahlen 1 bis 7 entsprechen den verschiedenen Messzeitpunkten.

---

[5] Die dem Mediansplit zugrunde liegende Variable entspricht nahezu dem Mittelwert aus allen jeweils verfügbaren Messzeitpunkten ($r = .95$, $p = .00$).

Die erste Einschätzung des Trainees vor der Präsentation des Trainingsberichts ist, wie Abbildung 3.11 zeigt, größtenteils positiv. Das Potenzial des Trainees wird mit 5.9 und einer Standardabweichung von 0.7 sehr hoch eingeschätzt. Die Potenzialeinschätzung korreliert nicht mit der Stimmung zum ersten Messzeitpunkt (r = .13, ns.).

Abbildung 3.11: Verteilung der Variable „Potenzial" zum ersten Messzeitpunkt (t_0)

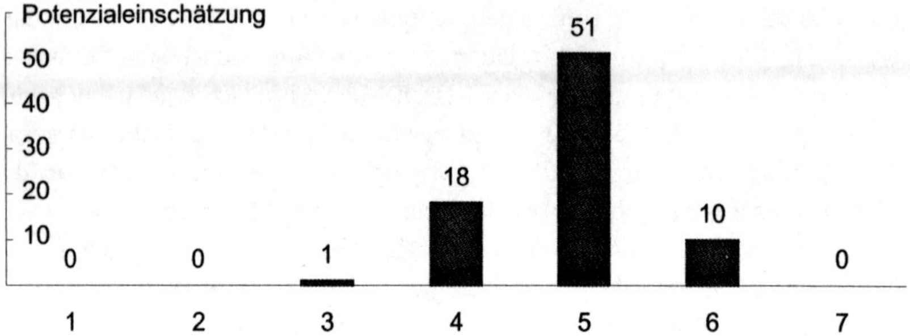

Anmerkungen: Die Zahlen 1 bis 7 entsprechen den verschiedenen Messzeitpunkten.

Vor der ereignisanalytischen Betrachtung soll zunächst ein „klassischer" Blick auf die Ergebnisse geworfen werden. Gemäß einem „klassischen" experimentellen Paradigma mit einer einmaligen Entscheidung nach (mindestens) einer negativen Information könnte nur diese Entscheidung als abhängige Variable betrachtet werden, in diesem Fall also die Entscheidung über den Fortgang oder den Abbruch des Traineeprogramms. Wird die Variable „Entscheidung" als dichotomes Merkmal mit den Ausprägungen „kein Abbruch" und „Abbruch" aufgefasst, wird aufgrund der geringen Stichprobengröße der Gruppe der Personen, die das Traineeprogramm abbrechen (n = 4) statt einer punktbiserialen Korrelation ein U-Mann-Whitney – Test durchgeführt. Dieser Test ergibt, dass die Personen in negativer Stimmung das Traineeprogramm tendenziell eher abbrechen als Personen in positiver Stimmung (U = 649.5, z = -1.8; p = .08 bei zweiseitigem Test).

Ein angemesseneren methodischen Zugang als die „klassische" Betrachtung bieten ereignisanalytische Auswertungsverfahren, wie sie häufiger in der Soziologie verwandt werden (z.B. Diekmann, 1993; Hartmann, 1997). Der Vergleich der Überlebensfunktionen anhand der Kaplan-Meier-Analyse (als ereignisanalytischem Instrument) erbringt keine signifikanten Unterschiede zwischen den beiden Faktorstufen der Stimmung ($\chi^2 < 1$), obschon die Graphen der kumulierten Überlebenswahrscheinlichkeit einen entsprechenden Verlauf zeigen (s. Abb. 3.12).

Abbildung 3.12: kumulierte Überlebenswahrscheinlichkeit in Abhängigkeit der Stimmung

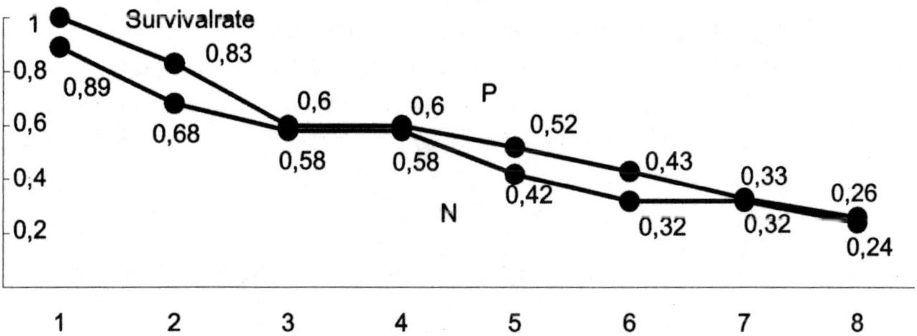

Anmerkungen: N = negative Stimmungsbedingung, P = positive Stimmungsbedingung. Die Zahlen 1 bis 8 entsprechen den einzelnen Ereignissen (kein Abbruch des Traineeprogramms).

Die Analyse der Variable Zeitpunkt des Abbruchs mittels U-Test von Mann-Whitney (1947) zeigt, dass trotz des erwartungskonsistenten Musters kein Unterschied in signifikanter Höhe zwischen den Personen in guter Stimmung und den Personen in schlechter Stimmung besteht ($U = 692.0$, $z = -1.0$; $p = .30$ bei zweiseitigem Test; s. Tab. 3.20). Eine korrelative Betrachtung der Stimmung zum ersten Messzeitpunkt und dem Zeitpunkt des Abbruchs ergibt darüber hinaus eine marginal signifikante schwach positive Korrelation (Kendall-Tau-b = 0.16, $p = 0.06$).

Tabelle 3.20: Zeitpunkt des Ausstiegs in Abhängigkeit von der Stimmung

N	**5.03** (2.97)
P	**5.57** (2.76)

Anmerkung: N = negative Stimmungsbedingung, P = positive Stimmungsbedingung. Standardabweichungen in Klammern.

In Längsschnittstudien sollte stets geprüft werden, ob systematische Verzerrungen durch eine systematische Stichprobenmortalität bestehen. Was dort üblicherweise als Fehler interpretiert wird, ist in dieser Untersuchung Gegenstand der zentralen Annahme: Die Wahrscheinlichkeit der Mortalität sollte bei negativ gestimmten Personen größer sein als bei positiv gestimmten Personen. In dieser Untersuchung wird also eine systematische Stichprobenmortalität vorhergesagt. Mit mehreren t-Tests wurde überprüft, ob zwischen den Gruppen der Personen, die zu einem bestimmten Zeitpunkt das Traineeprogramm abbrechen (Gruppe A) und jenen, die das Programm fortführen (Gruppe NA) bereits zu Beginn der Untersuchung Unterschiede bestanden. Selbstverständlich verändern sich die Gruppengrößen gegenläufig, d.h. die Unterschiede der Gruppengrößen wird von Messzeitpunkt zu Messzeitpunkt größer. Der t-Test ist gegen diese (teilweise sehr großen) Unterschiede jedoch robust, da die Varianzen der Gruppen jeweils gleich sind (Bortz, 1993).

Tabelle 3.21: Einzelvergleiche zwischen Abbrechern und Nichtabbrechern hinsichtlich der Stimmung zum Messzeitpunkt t_0

	A	NA	
T_1	**3.75** (--)	**5.16** (1.30)	(--)
T_2	4.53 (1.43)	5.26 (1.25)	t(78) = 2.2, p <0.05
T_3	4.94 (1.35)	5.19 (1.31)	t < 1
T_4	4.94 (1.35)	5.19 (1.31)	t < 1
T_5	4.76 (1.38)	5.45 (1.18)	t(78) = 2.4, p = 0.05
T_6	4.90 (1.40)	5.40 (1.13)	t(78) = 1.7, p = 0.10
T_7	4.93 (1.37)	5.42 (1.17)	t(78) = 1.6, p = 0.12
T_8	5.00 (1.35)	5.35 (1.23)	t(78) = 1.0, p = 0.30

Anmerkung: A = Abbrecher, NA = Nicht-Abbrecher. (--) = Stichprobengröße zu gering. Standardabweichungen in Klammern.

Die Tabelle 3.21 gibt die einzelnen Kennwerte wieder. Danach bestehen signifikante Unterschiede in der Stimmung zum Messzeitpunkt t_0 zwischen den Gruppen A und NA beim Messzeitpunkt t_2 (NA (5.26) vs. A (4.53); t(78) = 2.2, p < .05) und beim Messzeitpunkt t_5 (NA (5.45) vs. A (4.76); t(78) = 2.4,

$p < .05$)[6]. Marginal signifikante Unterschiede bestehen beim Messzeitpunkt t_6 (NA (5.40) vs. A (4.90); $t(78) = 1.7$, $p = .10$) und zum Messzeitpunkt t_7 (NA (5.42) vs. A (4.93); $t(78) = 1.6$, $p = .12$).

3.8.2.3 Diskussion

Die durchgeführten Analysen sollten zeigen, dass die Wahrscheinlichkeit der Eskalation des Commitments mit der Aufhellung der Stimmung einhergeht. Die ausschließliche Betrachtung des ersten Messzeitpunkts bestärkt die Annahme eines solchen Zusammenhangs. Die Analyse zeigt, dass Personen in positiver Stimmung sich nach dem ersten unvorteilhaften Programmabschnitt tendenziell häufiger entscheiden, das Traineeprogramm fortzuführen als Personen in weniger positiver Stimmung. Wird die Beschränkung auf den ersten Messzeitpunkt aufgehoben, zeigen sich unterschiedliche Ergebnisse. Zwar zeigt der ereignisanalytische Vergleich der beiden Stimmungsbedingungen keine Unterschiede in signifikanter Höhe, doch zeigen andererseits Vergleiche bei sechs von acht Messzeitpunkten, dass eine systematische Stichprobenmortalität vorliegt. Obwohl die Analyse nicht unproblematisch ist, da verschiedene Daten in mehrere Vergleiche eingehen, lassen sich doch jeweils einzelne Zeitpunkte vergleichen, die für eine stabilere Situationsdefinition bei positiver Stimmung sprechen. Dies zeigt sich auch in einer schwach positiven Korrelation zwischen der Stimmung zu Beginn der Untersuchung und dem Zeitpunkt des Abbruchs des Traineeprogramms. So lässt sich insgesamt festhalten, dass Stimmung keinen sehr großen Einfluss auf eskalierendes Commitment hat, immerhin jedoch ein Einfluss festgestellt werden kann und zwar derart, dass die Wahrscheinlichkeit der Eskalation des Commitments bei Personen in positiver Stimmung größer ist als bei Personen in negativer Stimmung.

Dieser Befund kann mit den Ansätzen von Schwarz (1990) und von Bless (1997) nur durch eine Reihe von Zusatzannahmen erklärt werden. Beide Autoren gehen davon aus, dass positive Stimmung eine unproblematische Situation signalisiert. Schwarz geht weiter davon aus, dass eine unproblematische Situation eine eher heuristische Informationsverarbeitung auslöst. Inwiefern eine heuristische Verarbeitung jedoch die Eskalation des Commitments fördert ist unklar. Bless geht in seiner Argumentation einen Schritt weiter, indem er

6 Ein Vergleich der Gruppen zum Messzeitpunkt t_1 wurde wegen der geringen Stichprobengröße (s.o.) nicht angestellt.

postuliert, dass in der unproblematischen Situation eher globale Wissensstrukturen verwendet werden. Es stellt sich jedoch die Frage, ob die Versuchspersonen relevantes allgemeines Wissen hatten, das zu der Eskalation führen konnte.

Andererseits muss angemerkt werden, dass die Befunde dieser Untersuchung auch mit den schlichten Annahmen erklärt werden können, positive Stimmung erhöhe die Motivation (z.B. Isen, 1987) und positive Stimmung führe zu milderen Urteilen (z.B. Forgas & Moylan, 1987). Die Daten geben leider keinen Aufschluss darüber, inwieweit die Motivation der Versuchspersonen mit der Stimmung variierte. Allerdings zeigen andere Befunde, dass positive Stimmung die Motivation nicht unbedingt erhöhen muss (z.B. Martin et al., 1993) sowie dass positive Stimmung nicht zwangsläufig mit wohlgefälligeren Urteilen einhergeht (Goersch et al., 1998).

4 Generelle Diskussion

Die im zweiten Teil dieser Arbeit angestellten Überlegungen führten zu der Annahme, dass Stimmung die Gewissheit über die Angemessenheit der Situationsdefinition beeinflusst. Die Situationsdefinition beruht nach diesen Überlegungen zunächst auf automatisch verfügbaren Informationen, unter denen nicht nur globales Wissen, sondern auch die in Intentionen festgelegte Information verstanden werden sollte. Selbstverständlich lassen sich Vorsätze nicht nur auf ihren informativen Gehalt reduzieren. Eine wichtige andere Funktion ist, der Zielerreichung einen verbindlichen Charakter zu geben (Gollwitzer, 1991). Darüber hinaus sollten Intentionen auch als Information über die Gewissheit der Situationsdefinition selbst herangezogen werden. Dies ist ein Aspekt, auf den im folgenden Ausblick noch eingegangen wird. Die unmittelbare informative Funktion bleibt ein Kernbestandteil von Intentionen. Positive Stimmung sollte die Gewissheit über die Angemessenheit der Verwendung derartiger Informationen erhöhen, d.h. die Wahrscheinlichkeit, dass die Informationen unmittelbar verwendet werden. Negative Stimmung sollte demgegenüber die Gewissheit über die Angemessenheit der Situationsdefinition verringern und so zu gegenteiligen Effekten führen.

Dass positive Stimmung entsprechende Effekte auf die Verwendung globalen Wissens hat, konnte Bless (1997) in verschiedenen Untersuchungen zeigen, von denen eine hier größtenteils repliziert werden konnte. Der Effekt der Stimmung hat sich hier trotz verschiedener Variationen als stabil erwiesen. Dass die Manipulationskontrolle in fast allen Untersuchungen anhand eines Items durchgeführt wurde und Stimmung demgemäß als unidimensionales Konstrukt aufgefasst wurde, stellt keine gravierende Einschränkung dar. Schwarz (1987) definiert Stimmung bereits derart, dass sie sich auf einer Dimension abtragen lässt. Russell und Carroll (1999) zeigen, dass bei der Korrektur falscher Voranahmen die Bipolarität positiven und negativen Affekts nicht mehr aufrechtzuerhalten ist. Morris (1989) stellt darüber hinaus nach einer Analyse verschiedener Untersuchungen fest, dass die einfache direkte Erfassung sehr hoch mit anderen benutzten Maßen korreliert.

Bei der Erklärung von Stimmungseffekten sind nach den Befunden der ersten Untersuchung immer die allgemeinen Wissensstrukturen zu beachten, die in der jeweiligen (subjektiven) Situation verfügbar sind. Das betrifft auch die Frage, ob die Verwendung der Informationen zu normativ besseren oder schlechteren Leistungen führt. Was sich in der ersten Untersuchung lediglich angedeutet hat, findet seine Bestätigung in den folgenden Studien: positive

Stimmung führt nicht notwendigerweise zu schlechteren Leistungen, sondern kann auch zu besseren Leistungen führen, wenn die verwendeten Informationen für die Situationsbewältigung tatsächlich anwendbar sind. Bessere Leistung drückt sich dann auch in einer kürzeren Reaktionszeit aus. Je nach Inhalt dieser Informationen sind also unterschiedliche Effekte in positiver Stimmung zu erwarten. Personen in positiver Stimmung sind demnach nicht immer nur risikofreudiger, hilfsbereiter, kooperativer, wohlgefälliger und vieles mehr, wie in der Forschung lange Jahre angenommen wurde. Während in einer Situation positiv gestimmte Personen z.B. kooperativere Verhaltensentscheidungen fällen, können sie unter anderen Bedingungen kompetitivere Strategien verwirklichen (z.B. Hertel & Fiedler, 1994).

Dass jedoch nicht nur globales Wissen bei der Erklärung der Stimmungseffekte berücksichtigt werden sollte, zeigen die weiteren Untersuchungen. Betont werden sollte, dass die Befunde auch konsistent gegenüber den unterschiedlichen Stimmungsmanipulationen sind. Dass Personen in positiver Stimmung unter bestimmten Umständen einmal mehr und einmal weniger Fehler bei der Handlungsinitiierung machen, dass positiv gestimmte Personen abhängig von einem persönlichen Ziel mehr oder weniger Fehler bei einer Diskriminationsaufgabe machen oder dass Personen in positiver Stimmung eher in ihren Entscheidungen eskalieren ist mit den Annahmen von Bless (1997) nicht oder nur unter Zuhilfenahme von zusätzlichen Annahmen zu erklären. Auch in der Literatur finden sich Beispiele, an denen die Erklärungskraft des Modells von Bless scheitert.

Ein Beispiel wurde am Ende des ersten Abschnitts bereits geschildert. Es ist eine Untersuchung von Murray et al. (1990), die Versuchspersonen in unterschiedlicher Stimmung die Aufgabe gegeben haben, unter verschiedenen Zielvorgaben eine Reihe von bekannten Fernsehsendungen in beliebig große (und viele) Gruppen einzuteilen. Eine Instruktion lautete, bei der Aufgabe besonders die Unterschiede der Fernsehsendungen zu beachten. Die andere Instruktion lautete, bei der Aufgabe besonders die Gemeinsamkeiten der Sendungen zu beachten. Murray et al. (1990) fanden, dass die Versuchspersonen je nach Bearbeitungsziel tendenziell unterschiedlich große Gruppen bildeten, wobei dieser Unterschied der Gruppengrößen bei positiv gestimmten Personen am ausgeprägtesten war. Die vorangegangenen Überlegungen können im Vergleich zu den Annahmen des Modells von Bless (1997) auch diese Befunde erklären. Personen in positiver Stimmung würden danach aufgrund der intensiveren Nutzung der mit dem Bearbeitungsziel verknüpften Intention und des damit einhergehenden Wahrnehmungsvorteils mehr Gemeinsamkeiten bzw. mehr Unterschiede entdecken als Personen in negativer Stimmung (s. Murray et al., 1990, Studie 2). Dies wiederum würde zu einer unterschiedlichen Gruppenbildung führen.

Ein weiterer Aspekt lässt den Unterschied der Vorhersagen zwischen dem Modell von Bless (1997) und dem in dieser Arbeit vorgestellten Ansatz gut erkennen. Die Informationen, die Intentionen als Vorsätze sehr genau festlegen, nämlich wann, wie und wie lange gehandelt wird, würden im Sinne des Modells zur Verwendung globalen Wissens unter spezifisches Wissen subsumiert. Das bedeutet, das Modell würde entgegen den Befunden der im Rahmen der vorliegenden Arbeit durchgeführten Untersuchungen, eher eine Verwendung dieser Informationen von Personen in negativer Stimmung vorhersagen. Dies konnten die Untersuchungen jedoch eindeutig nicht zeigen. Die berichteten Untersuchungen sind auch als Zeichen dafür zu werten, dass Vorsätze tatsächlich (unter anderem) Informationen sind, die in die gleichen kognitiven Prozesse eingebunden sind wie globales Wissen. Beide Formen von Informationen zeigen in Abhängigkeit der Stimmung die gleichen Muster. Das bedeutet allerdings nicht, dass die unterschiedlichen Formen austauschbar sind.

Bei den vorangegangenen Überlegungen wurde vernachlässigt, dass gute Stimmung vermutlich auch dazu führt, dass weniger wahrscheinlich Vorsätze gebildet werden. Zwar fehlen Studien darüber, doch kann angenommen werden, dass positive Stimmung in einer planerischen Phase, die Heckhausen und Gollwitzer (1987) präaktionale Volitionsphase nennen, dazu führt, dass weniger Schwierigkeiten bei der Zielerreichung erwartet werden, weshalb entsprechende Vorsätze nicht formuliert werden. In der diesbezüglich kritischen zweiten Untersuchung wurden die Vorsätze gegebenenfalls vor der Stimmungsinduktion gebildet. Dies ist selbstverständlich auch bei der dritten Studie der Fall, in der ein selbstgesetztes Ziel untersucht wurde.

Ein Sachverhalt, der gerne als problematisch dargestellt wird, ist der Verzicht auf eine Vergleichsgruppe zur positiven und negativen Stimmungsbedingung, d.h. auf eine Stimmungsbedingung, die als neutral bezeichnet werden könnte. Abgesehen vom Problem der Definition neutraler Stimmung (Clore et al., 1994) ist ein solcher Verzicht im Rahmen der hier formulierten Überlegungen absolut angemessen. Die obigen Annahmen postulieren einen kontinuierlichen Zusammenhang zwischen Stimmung und Gewissheit über die Angemessenheit der Situationsdefinition, d.h. je besser die Stimmung ist, umso höher ist die angesprochene Gewissheit. Die Gewissheit wiederum steht in einem positiven Zusammenhang mit der Verwendung der unterschiedlichen Informationen (wie z.B. des globalen Wissens). Zur Überprüfung der formulierten Annahme ist es demnach lediglich notwendig, zwei Stimmungsbedingungen gegenüberzustellen, die erstens unterschiedlich sind und von denen zweitens genau gesagt werden kann, welche der Bedingungen die im Vergleich zur anderen Bedingung positivere Stimmung darstellt. Entscheidend ist also weniger die Höhe der jeweils operationalisierten Stimmung, sondern vielmehr das Verhältnis der beiden Stimmungsbedingungen zueinander. Sollten zwei Stimmungsbedingungen umgesetzt werden, die absolut betrachtet beide positiv, zugleich aber unterschiedlich positiv sind, ist die Überprüfung der Annahme hinsichtlich diesen Aspekts als konservativer Test zu bezeichnen.

Die Bezeichnungen der unterschiedlichen Stimmungsbedingungen in den vorangegangenen berichteten Untersuchungen als positiv bzw. negativ darf nicht darüber hinwegtäuschen, dass unter den jeweiligen Bezeichnungen tatsächlich unterschiedliche Stimmungen vorkommen. Die Begriffe positiv und negativ dienen lediglich der deutlichen Unterscheidung einzelner Bedingungen. Dieser Aspekt sollte berücksichtigt werden, wenn zum einen die Effekte einzelner Stimmungen bewertet werden und zum anderen, wenn die Effizienz der unterschiedlichen Methoden zur Stimmungsmanipulation betrachtet wird.

5 Ausblick

Ein nicht zu vernachlässigender Faktor des in den vorangegangenen Kapiteln beschriebenen Ansatzes liegt darin, die Vorhersagen auf weitere Phänomene zu erweitern, ohne den Rahmen der Vorannahmen zu verlassen. Dies sei zum Abschluß an zwei Möglichkeiten erläutert.

Die vorliegenden Schrift hat den Einfluss der Stimmung auf die Kognition untersucht. Selbstverständlich ist aber eine umgekehrte Wirkrichtung, der Einfluss der Kognition auf die Stimmung, ebenso denkbar. Die Situationsdefinition hat immer nur für den Zeitraum Gültigkeit, in dem keine neuen Informationen aktiviert werden. Das bedeutet, dass die Situationsdefinition fortwährend aktualisiert werden muss (vgl. für einen soziologischen Ansatz Habermas, 1981 oder für einen psychologischen Ansatz Herrmann, 1985). Eine derartige Aktualisierung findet natürlich nicht losgelöst von der vorherigen Situationsdefinition statt, weshalb diese auch über einen längeren Zeitraum stabil bleiben kann. Heckhausen und Gollwitzer (1987) haben dieser Aktualisierung in ihrem Rubikonmodell durch die letzte Phase, nämlich der postaktionalen Phase ein Stück weit Rechnung getragen. In dieser motivationalen Phase werden die erreichten Ergebnisse evaluiert und darüber entschieden, ob die Zielerreichung geglückt ist oder ob eine weitere Handlungsinitiierung notwendig ist. Eine erfolgreiche Situationsdefinition im Sinne der Zielerreichung wird hier selbstverständlich auch Effekte auf die Stimmung haben (z.B. Carver et al., 1995; McIntosh, 1995; Emmons & Kaiser, 1995). Da geglückte oder fehlgeschlagene Handlungsinitiierungen, die abhängig von einer entsprechenden Situationsdefinition sind, Rückwirkungen auf die Stimmung haben, stellt sich die Frage, in welchem Verhältnis solchermaßen ereignisbezogene und nicht-ereignisbezogene Effekte der Stimmung zueinander stehen. Einen Erklärungsbeitrag zu dieser Frage könnte eventuell die Intention und deren Volitionsstärke liefern.

Eine zweite Möglichkeit, den beschrieben Ansatz um interessante Aspekte zu bereichern, ist die Erweiterung der Funktion der Intention. Stimmung wie auch Intention sind, wie versucht wurde zu zeigen, Bestandteile der Situationsdefinition. Der Stimmung kam bei den vorangegangenen Überlegungen eine besondere Funktion zu: Zum einen kann Stimmung unmittelbar als Information herangezogen werden und zum zweiten kann Stimmung als Information über die Bestimmtheit der Situationsdefinition dienen. Diese Doppelfunktion kann vermutlich auch der Intention zukommen. Intention kann unmittelbar als Information genutzt werden, wie die vorangegangenen Untersuchungen gezeigt haben. Darüber hinaus könnte Intention aber auch als Information über die

Bestimmtheit der Situationsdefinition dienen. Der evolutionstheoretische Kern der Überlegungen zum Einfluss der Stimmung war, dass Stimmung signalisiere, dass „die Welt in Ordnung sei", d.h. die Situation eher keine Bedrohung darstelle. Das Ausmaß der Bedrohung wird aber nicht nur über die Wahrscheinlichkeit der Bedrohung, sondern auch über die Bedeutung des möglichen Verlusts bestimmt. Insgesamt heißt das also, dass die „geordnete Welt" auch dadurch beeinflusst wird, inwieweit ein bedeutungsvolles Ziel aktualisiert wird. So würde die Aktualisierung eines weniger wichtigen Ziels (mit geringer Volitionsstärke) eher signalisieren, dass die „Welt eher in Ordnung ist". Dies wiederum würde dann eher zur Verwendung der Informationen der Situationsdefinition führen. Intentionen sollten demnach als Signalfunktion in ähnlicher Weise wirken wie Stimmungen, weshalb die Wirkung von Intentionen auch relevant für die Erklärung von Stimmungseffekten sein sollte. Fragen, die in diesem Zusammenhang aufkommen, sind zum Beispiel, ob und gegebenenfalls wann die Wirkung von Intention und Stimmung sich kompensieren können oder ob und gegebenenfalls wann die Wirkungen beider Faktoren additiv sein können.

Die Beantwortung derartiger Fragen nährt die Hoffnung, dass die (kognitive) Sozialpsychologie einen weiteren ganz entscheidenden Beitrag zur Aufklärung vieler Probleme der angewandten Forschung leisten kann. Die Reichweite eines entsprechenden Ansatzes würde Fragen erfassen wie beispielsweise: unter welchen Bedingungen fördert ein positives Arbeitsumfeld den Trainingstransfer, d.h. die Anwendung erlernten Wissens, welche Faktoren beeinflussen wie eignungsdiagnostische Urteile, wann sind Entscheidungen in einer Arbeitsgruppe besser partizipativ zu treffen, wann sind Personen von der Nichterreichung gesteckter Ziele besonders betroffen oder wie lässt sich die Effizienz von Zielvereinbarungen steigern? Ein Rüstzeug für die Beantwortung dieser Fragen ist dabei immer die Vorstellung der Situationsdefinition und ihrer Faktoren Intentionen, Affekte und Wissen. Sie machen das aus, was Lewin (1963) als ganz zentral erachtet hat: die Situation.

Tabellenverzeichnis

Abbildungsverzeichnis

Literaturverzeichnis

Ach, N. (1905). *Über die Willenstätigkeit und das Denken*. Göttingen: Vandenhoeck & Ruprecht.

Ach, N. (1910). *Über den Willensakt und das Temperament*. Leipzig: Quelle & Meyer.

Ach, N. (1935). Analyse des Willens. In E. Abderhalden (Hg.), *Handbuch der Biologischen Arbeitsmethoden* (Bd. 6). Berlin: Urban & Schwarzenberg.

Anderson, J.R. & Bower, G.H. (1973). *Human associative memory*. Washington, DC: Winston.

Armitage, C.J., Conner, M. & Norman, P. (1999). Differential effects of mood on information processing: evidence from the theories of reasoned action and planned behaviour. *European Journal of Social Psychology, 29*, 419-433.

Aronson, E. (1994). *The social animal* (7th ed.). New York, NY: Freeman and Co.

Banaji, M.R., Hardin, C. & Rothman, A.J. (1993). Implicit stereotyping in person judgment. *Journal of Personality and Social Psychology, 65*, 272-281.

Bandura, A. (1977). Self-efficacy: Toward a unifying theory of behavioral change. *Psychological Review, 84*, 191-215.

Bargh, J.A. (1982). Attention and automaticity in the processing of self-relevant information. *Journal of Personality and Social Psychology, 43*, 425-436.

Bartlett, A. (1932). *The study in experimental and social psychology*. New York: Cambridge University Press.

Bazerman, M.H. (1984). The relevance of Kahneman and Tversky's concept of framing to organizational behavior. *Journal of Management, 10(3)*, 333-343.

Bazerman, M.H., Beekun, R.I. & Schoorman, F.D. (1982). Performance evaluation in dynamic context: The impact of a prior commitment to the ratee. *Journal of Applied Psychology, 67*, 873-876.

Bazerman, M.H., Giuliano, T. & Appelman, A. (1984). Escalation of commitment in individual and group decision making. *Organizational Behavior and Human Decision Processes, 33(2)*, 141-152.

Blaney, P.H. (1986). Affect and memory: A review. *Psychological Bulletin, 99(2)*, 229-246.

Bless, H. (1997). *Stimmung und Denken. Ein Modell zum Einfluß von Stimmungen auf Denkprozesse*. Bern: Huber.

Bless, H., Bohner, G., Schwarz, N. & Strack, F. (1990). Mood and persuasion: A cognitive response analysis. *Personality and Social Psychology Bulletin, 16,* 331-345.

Bless, H., Mackie, D.M. & Schwarz, N. (1992). Mood effects on encoding and judgmental processes in persuasion. *Journal of Personality and Social Psychology, 63,* 585-595.

Bless, H., Schwarz, N. & Wieland, R. (1996). Mood and the impact of category membership and indiviudating information. *European Journal of Social Psychology, 26*, 935-959.

Bless, H., Wänke, M., Bohner, G., Fellhauer, R. & Schwarz, N. (1994). Need for Cognition: Eine Skala von Engagement und Freude bei Denkaufgaben. *Zeitschrift für Sozialpsychologie*, 25(2), 147-154.

Blossfeld, H.P., Hamerle, A. & Mayer, K.-U. (1986). *Ereignisanalyse: statistische Theorie und Anwendung in den Wirtschafts- und Sozialwissenschaften.* Frankfurt/Main: Campus.

Bohner, G., Crow, K., Erb, H.P. & Schwarz, N. (1992). Affect and persuasion: Mood effects on the processing of message content and context cues and on subsequent behavior. *European Journal of Social Psychology, 22,* 511-530.

Bohner, G., Hunyadi, P. & Chaiken (1994). The role of mood and message ambiguity in the interplay of heuristic and systematic processing. *Journal of European Social Psychology, 24(1),* 207-221.

Bollnow, O.F. (1956). *Das Wesen der Stimmungen*. Frankfurt: Klostermann.

Bortz, J. (1993). *Statistik für Sozialwissenschaftler* (4. Aufl.). Berlin: Springer.

Bowen, M.G. (1987). The escalation phenomenon reconsidered. Decision dilemmata or decision errors? *Academy of Management Review*, *12,* 52-66.

Bower, G.H. (1981). Mood and memory. *American Psychologist*, *36,* 129-148.

Bower, G.H. (1991). Mood congruity of social judgments. In J.P. Forgas (ed.), *Emotion and social judgments* (pp. 31-54). Oxford: Pergamon.

Bower, G.H. & Cohen, P.R. (1982). Emotional influences in memory and thinking: Data and theory. In M.S. Clark & S.T. Fiske (eds.), *Affect and cognition* (pp. 291-331). Hillsdale, NJ: Erlbaum.

Bower, G.H., Monteiro, K.P. & Gilligan, S.G. (1978). Emotional mood as a context for learning and recall. *Journal of Verbal Learning and Verbal Behavior*, *17*, 573-585.

Bowers, K.S. (1975). The psychology of subtle control: An attributional analysis of behavioural persistence. *Canadian Journal of Bahvioural Science, 7(1),* 78-95.

Brandstätter, V. (1991). *Der Einfluß von Vorsätzen auf die Handlungsinitiierung. Ein Beitrag zur willenspsychologischen Frage der Realisierung von Absichten.* Frankfurt: Lang.

Brewer, M.B., Weber, J.G. & Carini, B. (1995). Person memory in intergroup contexts: Categorization versus individuation. *Journal of Personality and Social Psychology*, 69, 29-40.

Brockner, J. (1992). The escalation of commitment to a failing course of action: Toward a theoretical progress. *Academy of Management Review, 17(1),* 39-61.

Brockner, J. & Rubin, J.Z. (1985). *Entrapment in escalation conflicts: A social psychological analysis*. New York: Springer.

Brody, R.G. & Lowe, D.J. (1995). Escalation of commitment in professional tax preparers. *Psychological Reports*, *76(1),* 339-344.

Bullington, J.C. (1990). Mood congruent memory: A replication of symmetrical effects for both positive and negative moods. *Journal of Social Behavior and Personality*, *5*, 123-134.

Cacioppo, J.T. & Petty, R.E. (1982). The need for cognition. *Journal of Personality and Social Psychology*, *42*, 116-131.

Carver, C.S., Lawrence, J.W. & Scheier, M.F. (1995). A control-process perspective on the origins of affect. In L.L. Martin & A. Tesser (eds.), *Striving and feeling: interactions among goals, affect, and self-regulation*. Mahwah, NJ: Lawrence Erlbaum.

Chaiken, S. (1987). The heuristic model of persuasion. In M.P. Zanna, J.M. Olson & C.P. Herman (eds.), *Social influence: The Ontario Symposium* (Vol. 5, pp. 3-39). Hillsdale, NJ: Erlbaum.

Chaiken, S. & Trope, Y. (1999). *Dual process theories in social psychology.* New York, NY: Guilford Press.

Chen, S. & Chaiken, S. (1999). The heuristic-systematic model in its broader context. In S. Chaiken & Y. Trope (eds.), *Dual process theories in social psychology* (pp. 73-96). New York, NY: Guilford Press.

Clark, D.M. (1983). On the induction of depressed mood in the laboratory: Evaluation and comparison of the Velten and musical procedures. *Advances in Behaviour Research and Therapy*, 5, 27-49.

Clore, G.L. & Itkin, S.M. (1977). Verstärkungsmodelle der zwischenmenschlichen Anziehung. In G. Mikula & H. Stroebe (Hg.), *Sympathie, Freundschaft und Ehe* (S. 41-67). Bern: Huber.

Clore, G.L., Schwarz, N. & Conway, M. (1994). Cognitive causes and consequences of emotion. In R.S. Wyer & T.K. Srull (eds.), *Handbook of social cognition* (2nd edition). Hillsdale, NJ: Erlbaum.

Cohen, A. (1997). Nonwork influences on withdrawal cognitions: An empirical examination of an overlooked issue. *Human Relations*, *50(12)*, 1511-1536.

Conway, M. , Giannopoulos, C., Csank, P. & Mendelson, M. (1993). Dysphoria and specificity in self-focused attention. *Personality and Social Psychology Bulletin*, *19*, 265-268.

Crano, W.D. & Brewer, M.B. (1975). *Einführung in die sozialpsychologische Forschung.* Köln: Kiepenheuer & Witsch.

Crocker, J., Fiske, S.T. & Taylor, S.E. (1984). Schematic bases of belef change. In J.R. Eiser (ed.), *Attitudinal judgment*. New York: Springer.

Davis, M. & Bobko, P. (1986) Contextual effects on escalation processes in public sector decision making. *Organizational Behavior and Human Decision Processes, 37*, 121-138.

Devine, P.G. & Monteith, M.J. (1999). Automaticity and control in stereotyping. In S. Chaiken & Y. Trope (eds.), *Dual process theories in social psychology* (pp. 339-360). New York, NY: Guilford Press.

Dickerson, M., Cunningham, R., England, S.L. & Hinchy, J. (1991). On the determinants of persistent gambling: III. Personality, prior mood, and poker machine play. *International Journal of the Addictions, 26(5),* 531-548.

Diekmann, A. (1993). Der Familienzyklus als sozialer Prozeß: bevölkerungssoziologische Untersuchungen mit den Methoden der Ereignisanalyse. Berlin : Duncker & Humblot.

Düker, H. (1949). Über ein Verfahren zur Bestimmung der geistigen Leistungsfähigkeit. *Psychologische Forschung, 23*, 10-24.

Durkheim, E. (1976). Individuelle und kollektive Vorstellungen. In E. Durkheim (Hg.), *Soziologie und Philosophie*. Frankfurt: Suhrkamp.

Eagly, A.H. & Chaiken, S. (1993). *The psychology of attitudes*. San Diego, CA and Fort Worth, TX: Harcourt Brace Jovanovich.

Ellis, H.C. (1990). Depressive deficits in memory: Processing initiative and resource allocation. *Journal of Experimental Psychology: General, 119*, 60-62.

Ellis, H.C. & Ashbrook, P.W. (1988). Resource allocation model of the effects of depressed mood states on memory. In K. Fiedler & J. Forgas (Eds.), *Affects, cognition, and social behavior* (pp. 25-43). Toronto: Hogrefe International.

Ellis, H.C., Thomas, R.L., McFarland, A.D. & Lane, J.W. (1985). Emotional mood states and retrieval in episodic memory. *Journal of Experimental Psychology: Learning, Memory, and Cognition, 11*, 363-370.

Emmons, R.A. & Kaiser, H.A. (1995). Goal orientation and emotional well-being: Linking goals and affect through the self. In L.L. Martin & A. Tesser (eds.), *Striving and feeling: interactions among goals, affect, and self-regulation*. Mahwah, NJ: Lawrence Erlbaum.

Erber, R. & Erber, M.W. (1994). Beyond mood and social judgment: Mood incongruent recall and mood regulation. *European Journal of Social Psychology, 24*, 79-88.

Erdman, G. & Janke, , W. (1978). Interaction between psysiological and cognitive determinants of emotions: Experimental studies on Schachter's theory of emotion. *Biological Psychology, 6*, 61-74.

Esser, H. (1991). *Alltagshandeln und Verstehen. Zum Verhältnis erklärender und verstehender Soziologie am Beispiel von Alfred Schütz und „Rational Choice"*. Tübingen: Mohr.

Fazio, R.H. (1990a). Mulitple processes by which attitudes guide behavior: The MODE model as an integrative framework. In M.P. Zanna (ed.), *Advances in experimental social psychology* (pp. 55-109). London: Academic Press.

Fazio, R.H. (1990b). A practical guide to the use of response latency in social psychology research. In C. Hendrick & M. S. Clark (eds.), *Research methods in personality and social psychology*. London: Sage.

Fazio, R.H. & Towles-Schwen, T. (1999). The MODE model of attitude-behavior processes. In S. Chaiken & Y. Trope (eds.), *Dual process theories in social psychology*. New York, NY: Guilford Press.

Fiedler, K. (1991). On the task, the measures and the mood in research on affect and cognition. In J. Forgas (ed.), *Emotion and social judgments* (pp. 83-104). Oxford: Pergamon.

Fiske, S.T., Lin, M. & Neuberg, S.L. (1999). The continuum model: Ten years later. In S. Chaiken & Y. Trope (eds.), *Dual process theories in social psychology* (pp. 231-254). New York, NY: Guilford Press.

Fiske, S.T. & Neuberg, S.L. (1990). A continuum of impression formation from category based to individuating processes: influences of information and motivation on attention and interpretation. In M.P. Zanna (ed.), Advances in Experimental Social Psychology (vol. 23, pp. 1-74), New York: Academic Press.

Fiske, S.T. & Taylor, S.E. (1984). *Social Cognition (1st edition)*. New York: Random House.

Fiske, S.T. & Taylor, S.E. (1991). *Social cognition (2nd edition)*. New York: McGraw-Hill.

Fiske, S.T. & Taylor, S.E. (1996). *Social cognition (3rd edition)*. New York: McGraw-Hill.

Fisseni, H.J. (1990). *Lehrbuch der psychologischen Diagnostik.* Göttingen: Hogrefe.

Flaherty, E.W. & Coren, S (1974). Reaction time as a measure of the effect of selective attention. *Perceptual and Motor Skills, 39(2)*, 755-761.

Flick, U. (1998, ed.). *The psychology of the social.* New York, NY: Cambridge University Press.

Forgas, J.P. (1990). Affective influences on individual and group judgments. *European Journal of Social Psychology, 20(5),* 441-453.

Forgas, J. (1995). Mood and judgement: the affect infusion model (AIM). *Psychological Bulletin, 117(1)*, 39-66.

Forgas, J.P. & Bower, G.H. (1987). Mood effects on person perception judgments. *Journal of Personality and Social Psychology*, *53*, 53-60.

Forgas, J.P. & Moylan, S. (1987). After the movies: Transient mood and social judgments. *Personality and Social Psychology Bulletin, 13(4),* 467-477.

Fox, F.V. & Staw, B.M. (1979). The trapped administrator: Effects of job insecurity and policy resistence upon commitment to a course of action. *Administrative Science Quarterly, 24,* 449-471.

Frijda, N. (1988). The laws of emotion. *American Psychologist*, 43, 349-358.

Gigerenzer, G., & Goldstein, D. G. (1996). Reasoning the fast and frugal way: Models of bounded rationality. *Psychological Review, 103(4),* 650-669.

Gilbert, T. (1999). What the mind's not. In S. Chaiken & Y. Trope (eds.), *Dual process theories in social psychology*. New York, NY: Guilford Press.

Gilbert, D.T. & Malone, P.S. (1995). The correspondence bias. *Psychological Bulletin, 117(1),* 21-38.

Gleicher, F. & Weary, G. (1991). Effect of depression on quantity and quality of social inferences. *Journal of Personality and Social Psychology, 61*, 105-114.

Goersch, A.-M., Moser, K., Hertel, G. & Naumann, U. (1998). Stimmungseinflüsse auf berufseignungsdiagnostische Urteile (Beitrag beim 41. Kongreß der DGPs) Dresden.

Goethals, G.R. (1992). Dissonance and self-justification. *Psychological Inquiry, 3(4),* 327-329.

Gollwitzer, P.M. (1990). Action phases and mind-sets. In E.T. Higgins & R.M. Sorrentino (eds.), *Handbook of motivation and cognition: Foundation of social behavior* (Vol.2, pp. 53-92). New York: Guilford Press.

Gollwitzer, P.M. (1991). Abwägen und Planen. In J. Kuhl & F. Halisch (Hg.), *Motivationsforschung* (Bd. 13). Göttingen: Hogrefe.

Gollwitzer, P.M. (1993). Goal achievement: The role of intentions. In W.Stroebe & M. Hewstone (eds.), *European Review of Social Psychology* (Vol.4, pp. 143-185). John Wiley & Sons.

Gollwitzer, P.M., Heckhausen, H. & Steller, B. (1990). Deliberative and implemental mind-sets: Cognitive tuning toward congruos thoughts and information. *Journal of Personality and Social Psychology, 59*, 1119-1127.

Gollwitzer, P.M. & Kinney, R.F. (1989). Effects of deliberative and implemental mind-sets on the illusion of control. *Journal of Personality and Social Psychology, 54,* 531-542.

Goltz, S.M. (1992). A sequential learning analysis of decisions in organizations to escalate investments despite continuing costs and losses. *Journal of Applied Behavioral Analyses, 25(3),* 561-574.

Graesser, A.C., Gordon, S.E. & Sawyer, J.D. (1979). Memory for typical and atypical actions in scripted activities: Test of a script pointer + tag hypothesis. *Journal of Verbal Learning and Behavior*, *18*, 319-332.

Habermas, J. (1981). *Theorie des kommunikativen Handelns.* Frankfurt: Suhrkamp.

Häcker, H. & Stapf, K.H. (1998, Hg.). *Dorsch Psychologisches Wörterbuch.* Bern: Huber.

Hartmann, J. (1997). Komplexes Stichprobendesign und Ereignisanalyse: zur Notwendigkeit einer Gewichtung bei disproportional geschichteter Stichprobenziehung. *Arbeitspapier: Mannheimer Zentrum für Europäische Sozialforschung.*

Hasher, L. & Zacks, R.T. (1979). Automatic and effortfull processes in memory. *Journal of Experimental Psychology: General*, *108*, 356-388.

Haussmann, R.E. (1992). Tachistoscopic presentation and millisecond timing on the IBM PC/XT/AT and PS/2: A Turbo Pascal unit to provide general-purpose routines for CGA, Hercules, EGA and VGA. *Behavior Research Methods, Instruments & Computers, 24(2),* 303-330.

Heckhausen, H. (1989). *Motivation und Handeln (2. Aufl.).* Berlin: Springer.

Heckhausen, H. & Gollwitzer, P.M. (1987). Thought contents and cognitive functioning in motivational vs. volitional states of mind. *Motivation and Emotion, 11,* 101-120.

Hermann, Th. (1985). *Allgemeine Sprachpsychologie.* München: Urban & Schwarzenberg.

Hertel, G. & Fiedler, K. (1994). Affective and cognitive influences in a social dilemma game. *European Journal of Social Psychology*, *24,* 131-145.

Higgins, E.T. (1996). Knowledge activation: accessibility, applicability, and salience. In E.T. Higgins & A.W. Kruglanski (eds.), *Social psychology: Handbook of basic principles*. (pp. 133-168). New York, NY: Guilford Press.

Hirt, E.R., Levine, G.M., McDonald, H.E., Melton, R.J., Martin, L.L. (1997). The role of mood in quantitative and qualitative aspects of performance: Single or multiple mechanisms? *Journal of Experimental Social Psychology, 33(6),* 602-629.

Howell, A. & Conway, M. (1992). Mood and the suppression of positive and negative self-referent thoughts. *Cognitive Therapy and Research, 16,* 1-21.

Huselid, M.A. & Day, N.E. (1991). Organizational commitment, job involvement, and turnover: A substantive and methodological analysis. *Journal of Applied Psychology, 76(3),* 380-391.

Ingram, R.E. (1989). External validity issues in mood and memory research. *Journal of Social Behavior and Personality, 4(2),* 57-62.

Ingram, R.E. & Reed, M.J. (1986). Information encoding and retrieval processes in depression: Findings, issues, and future directions. In R.E. Ingram (Ed.), *Information processing approaches to clinical psychology* (pp. 131-150). Orlando: Academic Press.

Irle, M. (1975). *Lehrbuch der Sozialpsychologie*. Göttingen: Hogrefe.

Isen, A.M. (1984). Toward understanding the role of affect in cognition. In R.S. Wyer, Jr. & T.K. Srull (eds.), *Handbook of social cognition* (Vol. 3, pp. 179-236). Hillsdale, NJ: Lawrence Erlbaum Associates.

Isen, A.M. (1987). Positive affect, cognitive processes, and social behavior. In L. Berkowitz (Ed.), *Advances in experimental social psychology* (Vol. 20, pp. 203-253). New York: Academic Press.

Isen, A.M. (1988). Some ways in which affect influences cognitive processes: Implications for advertising and consumer behavior. In A.M. Tybout & P. Cafferata (eds.), *Advertising and consumer psychology* (pp. 91-117). New York: Lexington Books.

Isen, A.M. & Daubman, K.A. (1984). The influence of affect on categorization. *Journal of Personality and Social Psychology, 47,* 1206-1217.

Isen, M.A., Daubman, K.A. & Nowicki, G.P. (1987). Positive affect facilitates creative problem solving. *Journal of Personality and Social Psychology, 52,* 1122-1131.

Isen, A.M., Johnson, M., Mertz, E. & Robinson, G. (1985). Positive affect and the uniqueness of word association. *Journal of Personality and Social Psychology, 48*, 1413-1426.

Jacobsen, E. (1957). Normal and pathological moods: Their nature and their functions. In R.S. Eisler, A.F. Freud, H. Hartman & E. Kris (eds.), *The psychoanalytic study of the child* (pp. 73-113). New York: International University Press.

Johnson, E. & Tversky, A. (1983). Affect, generalization and the perception of risk. *Journal of Personality and Social Psychology*, *45*, 20-31.

Johnston, W.A. & Dark, V.J. (1986). Selective attention. *Annual Review of Psychology, 37*, 43-75.

Kahneman, D. & Tversky, A. (1979). Prospect theory: An analysis of decision under risk. *Econometrics*, *47*, 263-291.

Kaplan, M.F., Wanshula, L.T. & Zanna, M.P. (1993). Time pressure and information integration in social judgment: The effect of need for structure. In Svenson, O. et al. (eds.), *Time pressure and stress in human judgment and decision making* (pp. 255-267). New York, NY: Plenum Press.

Kavanagh, D.J. (1987). Mood, persistence, and success. *Australian Journal of Psychology*, *39(3),* 307-318.

Keller, R.T. (1997). Job involvement and organizational commitment as longitudinal predictors of job performance: A study of scientists and engineers. *Journal of Applied Psychology*, *82(4),* 539-545.

Keltner, D, Locke, K.D. & Audrain, P.C. (1993). The influence of attributions on the relevance of negative feelings to satisfaction. *Personlity and Social Psychology Bulletin*, *19,* 21-30.

Kerstholt, J.H. (1995). Decision making in a dynamic situation: The effect of false alarms and time pressure. *Journal of Behavioral Decision Making, 8(3),* 181-200.

Kerstholt, J.H. (1996). The effect of information costs on strategy selection in dynamic tasks. *Acta Psychologica, 94(3),* 273-290.

Kruglanski, A.W. (1980). Lay epistemologic process and contents. Psychological Review, *87,* 70-87.

Kruglanski, A.W. (1990). Motivations for judging and knowing: implications for causal attribution. In E.T. Higgins & R.M. Sorrentino (eds.), *Handbook of Motivation and Cognition: foundations of social behavior* (vol.2, pp.13-37). New York: Guilford Press.

Kuhl, J. (1983). *Motivation, Konflikt und Handlungskontrolle*. Berlin: Springer.

Lazarus, R.S (1966). *Psychological stress and the coping process.* New York: McGraw-Hill.

Leight, K.A. & Ellis, H.C. (1981). Emotional mood states, strategies, and state-dependency in memory. *Journal of Verbal Learning and Verbal Behavior*, *20*, 251-275.

Lepore, L. & Brown, R. (1997). Category and stereotype activation: Is prejudice inevitable? Journal of Personality and Social Psychology, *72(2),* 275-287.

Leventhal, H. (1974). Emotions: A basic problem for social psychology. In C. Nemeth (ed.), *Social psychology* (pp. 1-51). Chicago: Rand McNally.

Lewin, K. (1922). Das Problem der Willensmessung und das Grundgesetz der Assoziation. *Psychologische Forschung*, *2*, 65-140.

Lewin, K. (1926). Vorsatz, Wille und Bedürfnis. *Psychologische Forschung*, *7,* 330-385.

Lewin, K. (1936). *Principles of Topological Psychology*. New York: McGraw-Hill.

Lewin, K. (1951). Intention, will and need. In D. Rapaport (ed.), *Organization and pathology of thought* (pp. 95-153). New York: Columbia University Press.

Lewin, K. (1963). *Feldtheorie in den Sozialwissenschaften*. Bern: Huber.

Lilli, W. (1982). *Grundlagen der Stereotypisierung*. Stuttgart: Klett.

Lindsay, P.H. & Norman, D.A. (1981). *Einführung in die Psychologie*. Berlin: Springer.

Lorenz, K. (1950). Ganzheit und Teil in der tierischen und menschlichen Gesellschaft. *Studium Generale*, *3,* 455-499.

Macrae, C.N. & Bodenhausen, G.V. (1998). Stereotype activation and inhibition. In R.S. Wyer (ed.), *Advances in social cognition* (pp. 1-52, Vol. 11). Mahwah, NJ: Lawrence Erlbaum.

Macrae, C.N., Stangor, C. & Hewstone, M. (1996). Stereotypes and stereotyping. New York, NY: Guilford Press.

Malzacher, J.T. (1992). *Erleichtern Vorsätze die Handlungsinitiierung? Zur Aktivierung der Vornahmehandlung.* Inaugural-Dissertation Ludwig-Maximilians-Universität München.

Mann, H.B. & Whitney, D.R. (1947). On a test of whether one of two random variables is stochastically larger than the other. *Annals of Mathematical Statistics*, *18*, 50-60.

Markman, K.D. & Weary, G. (1998). Control motivation, depression, and counterfactual thougth. In M. Kofta, G. Weary, G. Sedek (eds.), *Personal control in action: Cognitive and motivational mechanisms* (pp. 363-390), New York, NY: Plenum Press

Markus, H. & Zajonc, R. (1985). The cognitive perspective in social psychology. In G. Lindzey and E. Aronson (eds.), *Handbook of Social Psychology* (vol. 1, pp. 137-230), New York: Random House.

Martin, L.L., Ward, D.W., Achee, J.W. & Wyer, Jr., R.S. (1993). Mood as input: people have to interpret the motivational implications of their moods. *Journal of Personality and Social Psychology*, *64,* 317-326.

Mayer, R.C. & Schoorman, F.D. (1998). Differentiating antecedents of organizational commitment: A test of March and Simon's model. *Journal of Organizational Behavior*, *19(1),* 15-28.

McCain, B.E. (1986). Continuing investment under conditions of failure: A laboratory study of limits to escalation. *Journal of Applied Psychology, 71,* 280-284.

McIntosh, W.D. (1995). When does goal nonattainment lead to negative emotional reactions and when doesn't it?: The role of linking and rumination. In L.L. Martin & A. Tesser (eds.), *Striving and feeling: interactions among goals, affect, and self-regulation*. Mahwah, NJ: Lawrence Erlbaum.

Morris, W.N. & Reilly, N.P. (1987). Toward the self-regulation of mood: Theory and research. *Motivation and Emotion, 11*, 215-249.

Morris, W.N. (1989). *Mood: The frame of mind.* New York: Springer-Verlag.

Morris, W.N. (1992). A functional analysis of the role of mood in affective systems. *Review of Personality and Social Psychology* (Vol. 11, pp. 256-293). Beverly Hills, CA: Sage.

Moscovici, S. (1981). On social representations. In J.P. Forgas (ed.), *Social cognition: perpectives on everyday understanding*. London: Academic Press.

Moser, K. (1996). *Commitment in Organisationen*. Bern: Hans Huber.

Moser, K. (1998). Gibt es negative Seiten von Commitment? *Gruppendynamik, 29(3),* 263-274.

Murphy, G.L. & Lassaline, M.E. (1997). Hierarchical structure in concepts and the basic level of categorization. In K. Lamberts & D. Shanks (eds.), *Knowledge, concepts, and categories*. Cambridge, MA: MIT Press.

Murray, N., Sujan, H., Hirt, E.R. & Sujan, M. (1990). The influence of mood on categorization: A cognitive flexibility interpretation. *Journal of Personality and Social Psychology, 59,* 411-425.

Mussweiler, T. & Strack, F. (1999). Hypothesis-consistent testing and semantic priming in the anchoring paradigm: A selective accessibility model. *Journal of Experimental Social Psychology, 5(2),* 136-164.

Navon, D. & Gopher, D. (1979). On the economy of human processing system. *Psychological Review, 86*, 214-255.

Neisser, U. & Lazar, P. (1964). Searching for novel targets. *Perceptual and Motor Skills*, *19,* 427-432.

Neisser, U. (1974). *Kognitive Psychologie.* Stuttgart: Klett.

Neisser, U. (1980). On social ‚knowing'. *Personality and Social Psychology Bulletin*, *6*, 601-605.

Nisbett, R.E. & Ross, L. (1980*). Human Inference Strategies and shortcomings of social judgment.* Englewood Cliffs, NJ: Prentice Hall.

Nisbett, R.E. & Schachter, S. (1966). The cognitive manipulation of pain. *Journal of Experimental Social Psychology*, *2,* 227-236.

Nowlis, V. & Nowlis, H.H. (1956). The description and analysis of mood. *Annuals of the New York Academy of Sciences*, *65*, 345-355.

Orpen, C. (1998). Correlates of a careerist orientation to work. *Psychological Reports*, *82(3, 2)*, 1248-1250.

Parrott, W.G. & Sabini, J. (1990). Mood and memory under natural conditions: Evidence for mood incongruent recall. *Journal of Personality and Social Psychology*, *59*, 321-336.

Payne, J.W., Bettman, J.R. & Johnson, E.J. (1992). Behavioral decision research: A constructive processing perspective. *Annual Review of Psychology*, *43,* 87-131.

Petty, R.E. & Cacioppo, J.T. (1981). *Attitudes and persuasion: classic and contemporary approaches*. Dubuque, IO: Wm C. Brown.

Petty, R.E. & Cacioppo, J.T. (1986). *Communication and persuasion: Central and peripheral routes to attitude change.* New York: Springer Verlag.

Petty, R.E. & Wegener, D.T. (1999). The elaboration likelihood model: Current status and controversies. In S. Chaiken & Y. Trope (eds.), *Dual process theories in social psychology* (pp. 37-72). New York, NY: Guilford Press.

Petty, R.E., Schumann, D.W., Richman, S.A. & Strathman, A.J. (1993), Positive mood and persuasion: Different roles for affect under high and low elaboration conditions. *Journal of Personality and Social Psychology*, *64*, 5-20.

Piaget, J. (1974). *Biologie und Erkenntnis*. Frankfurt: Fischer.

Plutchik, R. & Ax, A.F. (1967). A critique of determinants of emotional state by Schachter and Singer. *Psychophysiology, 4,* 79-82.

Pribram, K.H. (1970). Feeling as monitors. In M. Arnold (ed.), *Feeling and emotions* (pp. 42-53). New York: Academic Press.

Prinz, W. (1990) Wahrnehmung. In H. Spada (Hg.), *Allgemeine Psychologie.* Bern: Hans Huber.

Reber, A.S. (1967). Implicit learning of artificial grammars. *Journal of Verbal Learning and Verbal Behavior, 5,* 855-863.

Reisenzein, R. (1983). The Schachter theory of emotion: Two decades later. *Psychological Bulletin*, 94, 239-264.

Ridgeway, D. & Waters, E. (1987). Induced mood and preschoolers' behavior: Isolating the effects of hedonic tone and dregree of arousal. *Journal of Personality and Social Psychology*, *52*, 620-625.

Rosch, E. (1975). Cognitive representations of semantic categories. *Journal of Experimental Psychology: General, 104(3*), 192-233.

Rosch, E. (1978). Principles of categorization. In E. Rosch & B.B. Lloyd (eds.), *Cognition an categorization* (pp. 27-48). Hillsdale, NJ: Erlbaum.

Rosenberg, M.J. & Hovland, C.I. (1960). Cognitive, affective, and behavioral components of attitudes. In C.I. Hovland & M.J. Rosenberg (eds.), *Attitude organization and change*. New Haven: Yale University Press.

Ross, L.D., Rodin, J. & Zimbardo, P.G. (1969). Toward an attribution therapy: the reduction of fear through induced cognitive-emotional misattribution. *Journal of Personality and Social Psychology*, *12,* 279-288.

Rotter, J.B. (1966). Generalized expectancies for internal vs. external control of reinforcement. *Psychological Monographs*, *80,* 1-26.

Rubin, J.Z. & Brockner, J. (1975). Factors affecting entrapment in waiting situations: The Rosencrantz and Guilderstern effect. *Journal of Personality and Social Psychology, 31*, 1054-1063.

Rusbult, C.E. (1980). Commitment and satisfaction in romantic associations: a test of the investment model. *Journal of Experimental Social Psychology, 16*, 172-186.

Russell, J.A. & Carroll, J.M. (1999). On the bipolarity of positive and negative affect. *Psychological Bulletin, 125(1)*, 3-30.

Rusting, C.L. (1998). Personality, mood, and cognitive processing of emotional information: three conceptual frameworks. *Psychological Bulletin, 124(2)*, 165-196.

Salancik, G.R. (1977). Commitment is too easy. *Organizational Dynamics, 6*, 62-80.

Schachter, S. & Singer, J.E. (1962). Cognitive, social, and physiological determinants of emotional state. *Psychological Review, 69*, 379-399.

Schachter, S. (1964). The interaction of cognitive and physiological determinants of emotional state. In L. Berkowitz (ed.), *Advances in experimental social psychology* (Vol. 1). New York: Academic Press.

Schank, R. & Abelson, R. (1977). *Scripts, plans, goals, and understanding.* Hillsdale, NJ: Erlbaum.

Schaubroeck, J. & Williams, S. (1993a). Type A behavior pattern and escalating commitment.. *Journal of Applied Psychology, 78(5)*, 862-867.

Schaubroeck, J. & Williams, S. (1993b). Behavioral causality and investment decisions following negative feedback. *Journal of Applied Social Psychology, 23(16)*, 1303-1320.

Schwarz, N. & Bless, H. (1991). Happy and mindless, but sad and smart? The impact of affective states on analytic reasoning. In J. Forgas (ed.), *Emotion and social judgments* (pp. 55-71). Oxford: Pergamon.

Schwarz, N. & Clore, G.L. (1983). Mood, misattribution, and judgments of well-being: Informative and directive functions of affective states. *Journal of Personality and Social Psychology, 45*, 513-523.

Schwarz, N. & Clore, G.L. (1988). How do I feel about it? The informative function of mood. In K. Fiedler & J. Forgas (eds.), *Affect, cognition, and social behavior*. Toronto: Hogrefe.

Schwarz, N. (1987). Stimmung als Information: Untersuchungen zum Einfluß der Stimmung auf die Bewertung des eigenen Lebens. Heidelberg: Springer Verlag.

Schwarz, N. (1990). Feelings as information: Informational and motivational functions of affective states. In R.M. Sorrentino & E.T. Higgins (eds.), *Handbook of motivation and cognition: Foundations of social behavior* (Vol. 2, pp. 527-561). New York: Guilford.

Schwarz, N., Bless, H. & Bohner, G. (1991). Mood and persuasion: Affective states influences the processing of persuasive communications. In M. Zanna (ed.), *Advances in Experimental Social Psychology* (Vol. 24, pp. 161-199). New York: Academic Press.

Schwarz, N., Servay, W. & Kumpf, M. (1985). Attribution of arousal as a mediator of the effectiveness of fear-arousing communications. *Journal of Applied Social Psychology, 15,* 74-78.

Seligman, M.E.P. (1975). *Helplessness*. San Francisco: Freeman.

Selz, O. (1922). *Zur Psychologie des produktiven Denkens und des Irrtums. Eine experimentelle Untersuchung*. Bonn: Cohen.

Shapiro, D. & Schwartz, G. (1970). Psychopsysiological contributions to social psychology. *Annual Review of Psychology, 21,* 87-112.

Simonson, I. & Staw, B.M. (1992). De-escalation strategies: A comparison of techniques for reducing commitment to losing courses of action. *Journal of Applied Psychology, 77*, 419-426.

Singer, J.A. & Salovey, P. (1988). Mood and memory: Evaluationg the network theory of affect. *Clinical Psychology Review, 8*, 211-251.

Singer, J.A. & Salovey, P. (1989). Mood congruency effects in recall of childhood versus recent memories. *Journal of Social Behavior and Personality*, *4*, 99-120.

Sloman, S.A. (1996). The empirical case for two systems of reasoning. *Psychological Bulletin*, *119(1)*, 3-22.

Somers, M.J. & Birnbaum, D. (1999). Survival versus traditional methodologies for studying employee turnover: Differences, divergences and directions for future research. *Journal of Organizational Behavior*, *20(2)*, 273-284.

Somers, M.J. (1995). Organizational commitment, turnover and absenteeism: An examination of direct and interaction effects. *Journal of Organizational Behavior*, *16(1)*, 49-58.

Spies, K. & Hesse, F.W. (1986). Interaktion von Emotion und Kognition. *Psychologische Rundschau*, *37*, 75-90.

Stapel, D.A. & Koomen, W. (1998). When stereotype activation results in (counter) stereotypical judgments: Priming stereotype-relevant traits and exemplars. *Journal of Experimental Social Psychology*, *34(2)*, 136-163.

Staw, B.M. & Hoang, H. (1995). Sunk cost in the NBA: Why draft order affects playing time and survival in professional basketball. *Administrative Science Quarterly*, 40, 474-494.

Staw, B.M. & Ross, J. (1987). Behavior in escalating situations: Antecedents, Prototypes and solutions. In B.M. Staw & L.L. Cummings (eds.), *Research in Organizational Behavior* (Vol. 9, pp. 39-78). Greenwich, Connecticut: JAI Press.

Staw, B.M. (1981). The escalation of commitment to a chosen course of action. *Academy of Management Review*, *6*, 577-587.

Staw, B.M. (1997). Escalation research: An update and appraisal. In Z. Shapira (ed.), *Organizational decision making* (pp. 199-215). Cambrigdge: Cambridge University Press.

Staw, B.M., Barsade, S.G. & Koput, K.W. (1997). Escalation at the credit window: A longitudinal study of bank executives' recognition and write off of problem loans. *Journal of Applied Psychology*, *82(1)*, 130-142.

Steller, B. (1992). *Vorsätze und die Wahrnehmung günstiger Gelegenheiten.* München: tuduv.

Strube, M.J. & Lott, C.L. (1984). Time urgency and type A behavior pattern: Implications for time investment and psychological entrapment. *Journal of Research in Personality, 18,* 395-409.

Taylor, S. E., Peplau, L.A. & Sears, D.O. (1997). *Social psychology (9th ed.).* Upper Saddle River, NJ, USA: Prentice-Hall.

Taylor, S.E. (1981). The interface of cognitive and social psychology. In J. Harvey (ed.), *Cognition, social behavior, and the environment.* Hillsdale, NJ: Erlbaum.

Tetlock, P.E. (1985). Accountability: The neglected social context of judgement and choice. In L.L. Cummings & B.M. Staw (eds.), *Research in organizational behavior* (Vol. 7, pp. 297-332). Greenwick, CT: JAI Press.

Thomas, W.I. & Thomas, D.S. (1928*). The Child in America. Behavior problems and programs*. New York: Johnson.

Tulving, E. & Thomson, D.N. (1971). Retrieval processes in recognition memory: effects of associative context. *Journal of Experimental Psychology, 87,* 116-124.

Velten, E. (1968). A laboratory task for induction of mood states. *Behavior Research and Therapy, 6*, 473-482.

Watts, F.N. & Cooper, Z. (1989). The effects of depression on structural aspects of the recall of prose. *Journal of Abnormal Psychology*, *98*, 150-153.

Weary, G. & Jacobsen, J.A. (1997). Causal uncertainty beliefs and diagnostic information seeking. *Journal of Personality and Social Psychology*, *73*, 839-848.

Weary, G., Marsh, K.L., Gleicher, F. & Edwards, J.A. (1993). Depression, control motivation and the processing of information about others. In G. Weary, G. Gleicher & K.L. Marsh (eds.), *Control motivation and social cognition* (pp. 255-287). New York: Springer Verlag.

Wegener, D.M. & Vallacher, R.R. (1977*). Implicit Psychology, An introduction to social cognition.* New York, NY: Oxford Press.

Weingarten, E., Sack, F. & Schenkein, J. (1976*). Ethnomethodologie. Beiträge zu einer Soziologie des Alltagshandelns*. Frankfurt: Suhrkamp.

Westermann, R., Spies, K., Stahl, G. & Hesse, F.W. (1996). Relative effectiveness and validity of mood induction procedures: a metaanalysis. *European Journal of Social Psychology, 26,* 557-580.

Whyte, G. (1993). Escalating commitment in individual and group decision making: A prospect theory approach. *Journal of Organizational Behavior and Human Decision Processes, 54(3),* 430-455.

Wittenbrink, B., Judd, C.M. & Park, B. (1997). Evidence for racial prejudice at the implicit level and ist relationship with questionnaire measures. *Journal of Personality and Social Psychology*, *72(2*), 262-274.

Wyer, R.S. & Srull, T.K. (1989). *Memory and cognition in ist social context.* Hillsdale, NJ: Lawrence Erlbaum Associates.

Zajonc, R.B. (1980). Feeling and thinking: Preferences need no inferences. *American Psychologist, 35*, 151-175.

Zillmann, D. (1978). Attribution and misattribution of excitatory reactions. In J.H. Harvey et al. (eds.), *New directions in attribution research* (Vol. 2, pp. 335-368). Hillsdale: Erlbaum.